왕초보도 딱! 60일이면 작가가 될 수 있다!

60일만에

책쓰기 프로젝트

이홍규 지음

글라이더

머리말

작가란 무엇인가?

"작가란 오늘 아침에 글을 쓴 사람이다."
- 로버타 진 브라이언트

　작가란 무엇인가? 책은 나에게 어떤 것인가? 누구나 작가의 로망이 있습니다. 하지만 출판 시장은 그리 녹록지 않습니다. 출판산업도 사양산업의 길로 접어들어 다른 매체가 출판을 대체해 가고 있습니다. 정보 전달의 한 축을 담당했던 종이책의 기능이 이제는 모바일과 인터넷으로 넘어가고 있습니다. 새삼 세상이 많이 달라졌다는 생각이 듭니다.

　또한 자본주의의 거대한 물결이 출판계까지 거침없이 삼켜버려 지금은 돈 없으면 책도 못 쓰는 시대가 왔습니다. 수백만 원에서 수천만 원에 이르기까지 고액 책 쓰기 컨설팅 비용은 물론 홍보와 마케팅에도 작가의 능력에 따라 출판 계약 여부가 결정되기도 하

4

는 씁쓸한 상황이 벌어지기도 합니다.

게다가 책 쓰기 관련 책들도 너무 많아 한눈에 들어오지도 않고 대부분 같은 말들로 우리에겐 언감생심(焉敢生心)과 작심삼일(作心三日)로 돌아옵니다. 그렇다면 다른 방법은 없는 걸까요? 저는 이러한 생각에서 이 책을 쓰기로 결심했습니다. 누구나 쉽게 책 쓰기를 완성시킬 당신의 트레이너가 바로 이 책입니다.

최근에는 출판시장이 많이 바뀌어서 예전보다 비교적 책을 발간하기 쉽습니다. 모바일 기기와 인터넷 발달로 디지털 출판도 더 많아졌고, 개인화된 맞춤형 콘텐츠를 원하는 독자들이 많아지다 보니 더욱더 다양한 분야의 책을 내기 쉬워졌습니다.

지금도 많은 사람들이 책을 내고 싶어 합니다. 그 와중에 책을 읽고 사는 사람들은 계속 줄어들고 있습니다. 책을 내고 싶어 하는 사람은 자신의 브랜드 가치를 높이고 싶다거나 돈을 벌고 싶거나 자신의 콘텐츠를 널리 알려 공유하고 싶어 합니다. 퍼스널 브랜딩에 최적의 도구가 바로 내가 펴낸 책입니다. 이러한 점을 활용해 많은 책 쓰기 수업이 있습니다. 저도 고액의 책 쓰기 수업을 수강했습니다. 그러나 책을 내고 나서 든 궁금증은 '책 쓰는 걸 배우는데 이렇게 많은 돈이 꼭 들어야 하나?' 하는 생각이 들었습니다.

돈이 있어야만 고액의 책 쓰기 코칭을 받을 수 있고, 그래야만 책을 쓸 수 있는 현실이 안타까웠습니다. 누구나 자기만의 살아온 인생과 지혜와 지식이 있습니다. 그것으로 누구나 책을 쓸 수 있습니다. 예전에 생각만 했지 어떻게 해야 책을 낼 수 있는지 궁금해하는 사람들을 위해서 이 책을 썼습니다.

　이 책은 딱 60일 만에 책을 쓸 수 있게 만들었습니다. 책 쓰기에 관련된 거의 모든 것이 이 한 권에 담겨 있습니다. 하루하루 꾸준히 실천해 가다 보면 결국 작가의 길을 가고 있는 모습을 발견하게 될 것입니다. 동트기 전 어두운 산길을 두려운 마음으로 오르는 당신에게 이 책이 작은 랜턴이 되어 길을 비추어 마침내 산 정상에 오를 수 있게 되길 바랍니다.

2024년 여름
이홍규

차례

제1부 : 기획_ 책 쓰기의 성공은 기획력에 달려있다

제3부 : 집필_ 책 쓰기는 훈련하면 된다

제4부 : 퇴고_ 진짜 책을 만드는 마지막 담금질

Q : 책 쓰기로 내 인생이 달라질까요?
A : 맞아요! 책 쓰기로 인생을 바꿀 수 있습니다!

"왜 책을 써야 하는가?", "책을 쓰는 이유가 도대체 무엇일까?" 이것은 상당히 심오한 질문이 될 수 있다. 많은 사람들이 책을 쓰고 싶어 하는 이유는 다양하다. 몇 가지 이유를 살펴보자.

① 자신의 이름을 알리고 싶은 사람

"호랑이는 죽어서 가죽을 남기고, 사람은 죽어서 이름을 남긴다."라는 말처럼, 책으로 자신의 생각과 경험을 공유하고 이름을 널리 알릴 수 있다.

② 자신의 삶을 정리하고 뒤돌아보고 싶은 사람

책 쓰기는 자신의 삶을 글로 정리하고 기록하는 과정이다. 자신의 경험, 감정, 성장 과정을 책에 담아내면서 자신의 삶을 뒤돌아보고 깨닫는 시간을 갖게 해준다.

③ 남들에게 지식과 경험을 전달하고 싶은 사람

책은 지식을 공유하는 훌륭한 수단이다. 자신의 전문 분야나 경험을 책으로 정리해 다른 사람에게 전달하고 도움을 줄 수 있다.

④ 자신의 진면목을 드러내 변화를 주고 싶은 사람
책으로 진정성 있게 독자에게 영감을 주고 변화를 이끌고 싶은 사람은 책으로 사회에 영향력을 행사하는 좋은 방법 중 하나다.

이렇듯 요즘은 책을 쓰고 싶어 하는 사람들이 많다. 현대사회를 자기 브랜딩 시대라 한다. 책 쓰기는 자신의 진면목을 드러내는 좋은 방법 중 하나다.

"유명해져야 책 쓰는 것 아닌가요?"
유명해져 책을 쓸 수도 있고, 책을 써서 유명해 질수도 있다. 마치 뫼비우스의 띠처럼 구별이 안 되는 문제다. 처음 책 쓰기를 하시는 분들이 가장 많이 하는 고민이 있다. 책을 쓰려고 맘을 단단히 먹었다가도 '내가 유명인도 아닌데 써 봤자 누가 사서 읽어보겠어?'하고 슬그머니 뒤로 물러난다. 스스로 자격지심에 빠지는 것이다. 하지만 아무리 유명한 작가라 하더라도 무명이던 시절이 누구나 있다. 책을 쓰는 것은 성공의 마중물이다. 책 쓰기를 일단 성공하면 책으로 인지도를 얻고 다음에 책을 또 내면 더 잘 팔리는 선순환 구조가 된다. 그리고 우리나라는 책을 쓴 사람을 지식인으로 존중하고 대접해준다. 그렇게 생각하면 무엇을 먼저 해야 하는지 명확해진다. 먼저 책을 써야 유명해진다.

누구나 작가가 될 수는 없을까? 작가라고 하면 떠오르는 고정된 이미지가 있다. 학창 시절 문예반에서 문학 작품에 흠뻑 빠져 열심히 작품을 쓰거나 신문사 및 각종 공모전에 입상한 작가. 이게 보통 사람들이 생각하는 작가의 이미지다. 이런 문학적 천재성을 지닌 사람만 책을 내서 작가가 되는 것 아닌가? 그런 생각으로 40년 넘게 살아왔다. 그러나 나도 우연한 기회에 책을 쓰게 되어 작가가 되어보니 꼭 그런 문학적 천재성이나 감수성을 가져야만 작가가 되는 건 아니었다.

작가가 되기 위해서는 시간과 노력은 필요하다. 하지만 누구나 가능하다. 특별한 능력이 없더라도 열정과 노력으로 작가가 될 수 있다. 책 쓰기 과정은 분명 쉬운 과정은 아니다. 하지만 딱 60일만 나와 같이 이 프로젝트에 참여한다면 충분히 가능하다.

당신은 책을 쓰고 싶은 마음이 있어 이 책을 펼쳐 보고 있다. 나는 정말 문학과는 거리가 먼 사람이었다. 이런 나도 책을 써서 작가가 되었다. 내가 좌충우돌하며 배운 것들을 하나도 남김없이 가르쳐 주겠다. 나도 낮에는 열심히 일하는 직장인이고 밤에 시간을 쪼개어 쓰고 주말엔 도서관에 파묻혀 자료조사를 하면서 책을 썼다. 결코 쉬운 과정은 아니었다. 그러나 분명 그럴만한 가치는 충분히 있다.

2일 차 60일 만에 책 쓰기

Q : 60일 만에 책 쓰기가 가능할까요?
A : 네, 가능합니다! 이 책을 따라오시면 60일 만에 책 쓰기의 모든 과정을 마스터 할 수 있습니다.

이 책은 왜 60일 만에 책 쓰기가 가능하다고 했을까? 그것에는 특별한 이유가 있다. 최초의 문명과 문자의 흔적에서 숫자 체계를 찾아볼 수 있었는데 바로 60진법이다. 60초가 1분이 되고, 60분이 1시간이 된다. 최초로 인간 문명에 나타난 바빌로니아 숫자의 체계이다. 여기서 주목해야 할 점은 변화의 기준이 되는 것이 60이란 숫자다.

책을 쓰는 것은 고도의 집중력과 끈기를 필요로 하는 작업이다. 나도 첫 책을 썼을 때 60일 정도 걸렸다. 뒤돌아 생각을 해보면 책 쓰기가 60일이 넘어서면 슬럼프에 빠졌고 중도에 포기했다. 책을 쓸 수 있는 가장 이상적인 기간이 60일이다. 60일이면 한 사람이 작가로 바뀔 수 있는 최적의 시간이다.

책을 쓰다 보면 처음엔 의욕이 넘쳐 하루 8시간 이상씩 책상에 앉아 쉬지 않고 몰입한다. 밥 먹는 시간도 아까워 식사도 대충 하고 책을 쓴다. 그러나 어느 순간 탁 막힌다. 어떻게 풀어나가야 할지 막막해진다. 이때 슬며시 유혹이 내 옆에 앉는다. '그래, 지금까지 열심히 했으니 오늘은 하루쯤 머리를 좀 식히자.' 이렇게 몇 번 반복하다 보면 책 쓰기는 없던 일이 된다. 자기 합리화를 하기 시작한다. 회사 일이 바쁜데…, 사업이 어려워서…, 애들이 아직 어리니 나중에…, 이번 프로젝트 끝나고… 등 있는 핑계, 없는 핑계다 들어서 자기 합리화를 한다. 그러면 그 순간 책 쓰기는 나의 머릿속에서 사라지고 시간이 흐른다. 그러다 연말연시가 되면 다시 불현듯 생각이 난다. '새해엔 책을 꼭 써야지…' 다시 결심한다. 책쓰려고 하는 많은 예비 작가들의 무한반복 행동 패턴이다.

이제 이 행동 패턴을 깨뜨리고 새로운 행동 패턴을 만들어야 한다. 이 책을 통해서 나와 함께 60일간 쉼 없이 책 쓰기 프로젝트에돌입하게 되면 그런 걱정은 필요 없다. 매일매일 무엇을 할 것인지 다 정해 놓았다. 해당 날짜에 맞춰 하나씩 준비하고 실행하면서60일이 지난 후에는 다 완성된 책 한 권을 들고 있는 본인의 모습을 발견하게 될 것이다.

책 쓰기를 위해서 내 인생에서 딱 60일만 미치도록 몰입해 보자. 이 책을 일자별로 해야 할 일이 정리되어 있고, 책의 내용은 다음과 같이 구성되어 있다.

① 1~2주 차 : **[기획]** 책을 쓰기 위해 기획 단계로 주제 및 제목 등을 정할 것이다.

② 3~4주 차 : **[자료 수집]** 책의 내용을 채울 자료를 조사하고 경쟁 도서 등을 분석할 것이다.

③ 5~7주 차 : **[집필]** 본격적으로 책 쓰기에 돌입하여 책 쓰기 원칙과 기술을 배울 것이다.

④ 8~9주 차 : **[퇴고]** 진짜 책을 만들기 위한 담금질을 해 출판사에 투고까지 할 것이다.

하루에 쓰는 가장 긴 글이 SNS 댓글인 사람이 부지기수다. 그런데 무조건 쓰다 보면 필력이 늘어난다고 가르치는 책 쓰기 수업, 심지어 책 읽지 않고도 책을 쓸 수 있다는 광고를 보면서 결심을 했다. 이런 과장 홍보 속에서 정말 제대로 된 '책 쓰기' 책을 만들기로 했다. 이 책은 60일 과정이다. 확실한 기초를 잡을 수 있고 깔끔하고 자연스러운 글쓰기가 가능해지도록 만들었다. 60일 만에 갑자기 베스트셀러 작가가 될 수는 없다. 그건 불가능한 일이다. 대신 책 쓰기에 대한 모든 것을 가르쳐 주고, 어떻게 하면 제대로 된 책 쓰기를 할 수 있는지 차근차근 알려줄 것이다. 처음부터 부담을 가질 필요는 없다. 포기하지 않고 이 책과 함께 60일 동안 꾸준히 책을 써보자. 책 쓰기는 누구나 할 수 있다. 이 책을 따라 차근차근 60일간 포기하지 않고 따라 한다면 60일 후에는 내 책을 가질 수 있다.

3일차 책 쓰기 입문

Q : 무엇부터 시작해야 하나요?
A : 먼저 독자에게 어떤 얘기를 할 것인지 찾으세요. 내 책에 어떤 메시지를 담을 것인지 충분히 생각하세요.

책을 쓰기 위해서는 책 쓰기의 기본기를 익혀야 한다. 누구나 책을 쓸 수는 있지만, 기본기가 없으면 책 쓰는 과정이 어려울 수 있다. 누구나 처음 책을 쓰려고 하면 막막하다. 아무 생각도 나지 않는다. 한마디로 멘탈이 붕괴된다.

이 책을 보고 있는 당신도 마찬가지일 것이다. 도대체 어떻게 책을 써야 하는 것일까? 어떻게 시작을 해야 하는 걸까? 책 쓰기는 그냥 글만 쓰는 작업이 아니다. 독자의 입장에서 독자를 위한 메시지를 담아야 한다. 책은 작가가 독자에게 보내는 메시지다.

책을 쓰기 위해서는 기본적으로 세 가지를 먼저 시작해야 한다.
첫 번째, 독자한테 무슨 얘기를 하고 싶은지 찾아내야 한다. 한 권의 책을 쓰려면 책에 무슨 내용을 쓸 것인지 찾아야 한다. 흔히 주제라고 한다. 주제는 작가가 독자에게 하고 싶은 말이다. 그래서 당신의 삶을 한 문장으로 만들어 보는 연습이 필요하다. 당신이 하고 싶은 말을 찾아라.

두 번째, 독자가 원하는 것이 무엇인지 알아야 한다. 내가 하고 싶은 말만 쓰면 그 책은 팔리지 않을 것이다. 그래서 독자가 무엇을 원하는지 정확히 알아야 한다. 책 쓰기는 오롯이 독자에게 집중하고 몰입해야 한다. 독자가 무엇에 희로애락을 느끼는지 알아야 한다. 독자가 무엇에 우선순위를 두는지 알아야 한다. 독자에게 도움이 되지 않는 책은 아무런 가치가 없다.

세 번째, 내 책의 장르와 형식을 알아야 한다. 책을 쓰려고 할 때 내 책이 어떤 장르인지 알아봐야 한다. 소설인가? 시인가? 자서전인가? 책을 쓰려면 자신이 전달하려는 메시지에 맞는 장르와 형식을 알아야 한다. 시나 소설 같은 문학 장르와 자기계발이나 학습서 같은 실용서 장르는 책 쓰기 형식이 완전히 다르기 때문이다.

책을 쓰는 것은 많은 사람들에게 도전적인 작업이다. 그러나 위의 세 가지를 충분히 생각하고 조사를 한다면 책 쓰기 도전은 한결 쉬울 것이다.

|책 쓰기 TIP| 책 쓰기 집중력을 높이는 방법 → 책 쓰는 이유를 정확히 하자.

책을 쓰기 전, 혹은 책에 대한 아이디어를 떠올리기 전에 책을 쓰려는 진짜 이유가 뭔지 생각해 보자. 부와 명예를 바라는 것인지, 자신의 경력에 도움이 되기 때문에 책을 쓰려고 하는 것인지, 내 이름으로 된 책을 출간하는 것이 꿈인지, 혹은 단순히 나의 이야기를 세상과 나누고 싶은 것인지 생각해 보자.

책 쓰기가 여가 활동인 동시에 직업이 될 수도 있다. 그러므로 글을 왜 써야 하는지, 왜 쓰려고 하는지 이유를 곰곰이 생각해 보자. 책 쓰는 이유를 정확히 하면 집중력이 높아진다.

1부_ 기획

책 쓰기의
성공은
기획력에
달려있다

4일차 책 쓰기 순서

Q : 책 쓰기는 어떤 과정을 거치나요?

A : 책 쓰기의 5단계 과정을 잘 살펴봅시다.

Executive Summary

책 쓰기 과정

① 주제 정하기

② 자료 찾기

③ 개요 구성

④ 집필하기

⑤ 퇴고하기

책 쓰기 5단계 과정을 거치면 효과적으로 책을 완성할 수 있다. 책 쓰기 과정에는 ① 주제 정하기, ② 자료 찾기, ③ 개요구성, ④ 집필하기, ⑤ 퇴고하기가 있다. 책 쓰기는 획일적이고 일회적이지 않다. 하지만 일반적인 단계와 과정을 거치면, 그것을 순환적이고 역동적으로 활용해 좋은 글을 쓸 수 있게 된다.

빌렘 플루서는 "글쓰기는 사고들을 지향하고 정돈하는 동작이라고 할 수 있다."라고 말했다. 글쓰기는 사고와 표현의 순환과정을 거쳐 표현과 소통 그리고 창조를 목표로 한다. 글쓰기는 생각과 감정을 진술하고 정확하게 논리적인 언어로 표현한다. 소통으로서 글쓰기는 타인과 소통을 목적으로 한다. 창조 글쓰기는 언어 수단으로 새로운 것을 만들어 낸다. 창조 도구로서 가장 대표적인 사

22

레는 문학 책 쓰기다.

책 쓰기를 하는 사람은 책을 쓰기 위해 깊은 사고와 사고의 수정을 거듭한다. 다양한 세계를 접하면서 논리 사고와 비판 사고를 함양할 수 있다. 또한 표현 능력과 창의력을 키워 생각과 지식을 효과적으로 전달할 수 있다. 세계를 이해하거나 문제를 해결하는 능력도 책 쓰기 과정에서 갖출 수 있고, 의사소통 능력도 높일 수 있다. 책 쓰기는 다양한 능력을 성취할 수 있게 하는 효과적 도구다. 자신과 세계를 근본적으로 성찰하며 새로운 세계를 바라보게 하는 적극적 자기 계발 도구다.

글쓰기는 개인 삶에서뿐만 아니라 전문화된 직업 분야에서 의사소통의 핵심 수단이다. 특히 책 쓰기는 다양한 디지털 문화가 빠르게 통용되는 정보화시대에 시간과 공간을 뛰어넘는 의사소통의 필수 도구로 자리매김했다. 따라서 현대 사회에서 체계적이고 명료한 책 쓰기 능력을 갖추면 직장 생활이나 사회생활에서 큰 혜택을 얻게 된다. 원만하고 조화로운 생활을 할 수 있다.

책을 쓴다는 것, 출간한다는 것은 어려운 일이다. 어려움도 있지만 뭔가 눈에 보이는 것을 남겨놓는 성취감을 얻을 수 있다. 책 쓰기 위한 배움과 성장에 자신을 몰입하여 책 쓰기 시작할 준비를 하자. 세상 어떤 일이든 능동성이 필요하다.

Q : 책의 분야는 어떻게 설정하죠?

A : 책을 쓰는 목적이 무엇인지, 읽을 독자가 누구인지 분석 하고, 그에 맞는 화제를 찾으면 분야가 정해집니다.

Executive Summary
책의 분야 정하는 방법
① 책의 목적 정하기
② 독자를 예상하고 분석하기
③ 화제 찾기

책을 써야 하는 이유를 명확하게 파악한 후, 예상 독자와 책의 목적을 정하고 화제를 정하면 책의 방향이 명확해진다. 보다 구체적이고 가치 있는 주제를 정할 수 있다. 책을 쓸 때, 목적이 무엇인지, 독자가 누구인지에 따라 작가 입장이나 태도가 달라진다. 자연스럽게 책 내용이나 분야도 달라진다.

① 책의 목적 정하기

작가가 독자에게 바라는 바를 책의 목적이라 한다. 책을 읽을 예상 독자가 무엇을 느끼고, 무엇을 생각하고, 어떻게 변하길 바라는지 구체적인 점검이 필요하다. 다시 말해 책의 목적은 작가가 쓰고자 하는 글의 궁극적 목적이 무엇인지 생각하는 것이다. 책을 쓸 때는 쓰는 목적을 분명하게 정하고 시작하라. 글을 쓰는 목적에 따라 정보를 전달하기 위한 책인지, 설득을 하기 위한 책인지, 정서를 표현하기 위한 책인지 정하라.

② 독자를 예상하고 분석하기

저자는 책을 집필하는 내내 그 책을 읽는 독자를 엄중히 의식해야 한다. 독자를 예상하고 분석하면 구체적이고 적합한 내용을 전달할 수 있는 좋은 책이 된다. 독자를 예상하면서 책을 쓰면 작가의 생각에 치우치지 않고 독자가 이해하기 쉽게 어떻게 표현하는 것이 좋을까 고민하면서 목적에 맞는 책을 쓸 수 있다. 책을 읽는 독자는 다양하다. 작가는 누구를 대상으로 책을 쓸 것인가 미리 방향을 정해야 한다. 다시 말해 누가 읽을 것인가, 해당 독자는 어떤 상황에 있는가 등을 분석해서 그에 맞는 책을 써야 한다.

③ 화제 찾기

책을 쓰는 상황을 파악 후, 그에 맞는 화제를 찾아야 한다. 화제는 책을 쓰고자 하는 주된 재료다. 화제의 범위는 구체적이고 좁을수록 좋다. 간혹 화제의 범위가 좁아서 쓸 거리가 없다며 넓은 화제를 찾는 사람도 있는데 이는 잘못된 경우다. 넓은 범위의 화제는 다양한 자료를 모두 모아 글을 이어가게 만들지만, 작가가 말하고자 하는 주제가 명확하게 나타나지 않아 모호하고 추상적인 글이된다.

독자들은 그들이 필요한 구체적이고 확실한 정보와 지식을 원한다. 새로움이 없는 추상적인 글은 독자가 외면한다. 좋은 화제는 주제와 관련성이 높다. 다양하고 타당하면 좋다. 참신하면 더 좋다. 요약하면 화제는 한정적이고 창의적이며 명확해야 한다.

창의적인 화제를 찾기 위해서는 비판적으로 바라보기, 사물의 관련성 찾아내기, 다른 관점에서 생각하기, 사물의 이면 보기, 거꾸로 생각하기 등을 자주 해야 한다. 떠오르는 생각을 연결해서 생각하다 보면 처음에 생각한 화제보다 한정적이고 구체적인 좋은 화제를 찾을 수 있다.

다음은 화제를 좁히는 과정 예시다. 살펴보고 자신도 관심 있는 화제를 선택하여 좁혀보기를 연습해 보자.

- 대학생 → 대학생 자립 → 대학생이 자립을 못 하는 제도 이유 → 대학생 자립을 위한 정책 필요성 → 지방자치에서 실행할 대학생 자립 지원 정책
- 아르바이트 → 아르바이트 종류 → 식당 아르바이트 → 패스트푸드점 아르바이트 → 패스트푸드점 요리부 아르바이트
- 골목길 CCTV 설치 → 골목길 CCTV 설치의 사생활 보호와 범죄 예방 → 범죄 예방을 위한 골목길 CCTV 설치

Q : 저는 어떤 책을 써야 하나요?

A : 자신에게 네 가지 질문을 해보세요.

로버트 루이스 스티븐슨은 "글쓰기가 어려운 것은 단순히 글을 쓰는 것이 아니라 자신이 의도하는 글을 쓰는 데 있으며 독자에게 단순하게 영향을 주는 것이 아니라 엄밀하게 자신이 원하는 방향으로 영향을 주려는 데 있다."라고 말했다. 이와 같이 글쓰기는 자신의 생각이나 감정을 막연하게 적어 내려가는 행위가 아니라 글쓰기는 의도하는 방향과 주제를 명확하게 표현해서 쓰는 행위다.

> **Executive Summary**
> 나에게 맞는 주제를 찾는 방법
> ① 내가 가장 잘 아는 것은 무엇인가?
> ② 내가 다른 사람에게 가르쳐 줄 수 있는 것은 무엇인가?
> ③ 내가 여기까지 오게 만든 경험은 무엇인가?
> ④ 내가 좋아하는 것은 무엇인가?

글은 글쓴이의 생각과 지식, 감정을 독자가 이해하기 쉽게 쓸 때 좋은 글이 된다. 좋은 글을 쓰기 위해서는 먼저 주제를 잘 선정하고 이를 중심으로 짜임새 있게 엮어 나가는 실력이 필요하다. 자신이 잘 아는 주제를 찾으려면 자신에게 대음의 네 가지 질문을 하면 찾기 쉽다.

① 자신이 잘 아는 주제
(내가 가장 잘 아는 것은 무엇인가?)

내가 잘 아는 주제가 가장 좋은 주제다. 어떤 주제에 오랫동안 탐구해 왔다면 당연히 관련 자료도 많이 쌓이고 자신만의 관점이 생긴다. 이것을 쓰면 한 권의 책이 된다. 많은 초보자들이 저지르기 쉬운 실수는 본인이 잘 알지도 못하는 주제를 가지고 책을 쓰려고 하는 것이다. 이는 명예퇴직하고 프랜차이즈 치킨점을 차리는 것과 유사하다. 근사해 보이지만 조만간 망한다. 책 쓰기도 결국은 하나의 사업이다. 사업은 자신이 잘 아는 영역을 해야 한다. 그렇지 않으면 대부분 치킨 가게가 망하듯 책도 서가에서 사라진다.

② 가르쳐 주고 싶은 주제
(내가 다른 사람에게 가르쳐 줄 수 있는 것은 무엇인가?)

어떤 일을 오래 하다 보면 남에게 전수해 줄 노하우가 생긴다. 사람들이 나한테 비슷한 질문을 반복해서 한다면 그것은 좋은 주제가 될 수 있다. 이 책도 주변 사람들이 나에게 '어떻게 하면 책을 출간할 수 있느냐?'고 묻는데 일일이 대답하기 어려워 결국 책을 쓰게 되었다. 이 책은 책 쓰기의 최신 트렌드를 반영해 체계적으로 만든 책이다. 현재 사업을 하고 있다면 그것을 주제로 책을 써야 한다. 책 쓰기는 모든 비즈니스의 시작이다. 책을 써야 퍼스널 브랜딩이 되고 최고 전문가로 인정받을 수 있다. 잘 쓴 책 한 권은 돈으로 가치를 매길 수 없는 가치가 있다. 《총각네 야채가게》[1]는 이영석 사장과 직원들의 아름다운 성공 스토리를 담은 책이다. 이 책은 무일푼 오징어 행상에서 시작해 18평짜리 야채가게를 대한민국 평당 최고 매출을 올리는 가게로 만들어낸 이야기를 담고 있다. 이 책을 쓴 후 가게 매출은 급상승했다.

③ 인생 관련 주제

(내가 여기까지 오게 만든 경험은 무엇인가?)

자신 인생 경험 중에서 주제를 발견할 수 있다. 어떤 경험이 당신을 이곳까지 이끌었는지 생각해 보자. 어느 누구도 똑같은 인생을 산 사람은 없다. 《죽음의 수용소에서》[2]는 인간이라면 누구나 감동을 받을 수밖에 없는 책이다. 이 책은 생존자의 시선으로 강제수용소 생활을 다루며, 그 과정에서 인간 의지와 삶의 의미에 대한 깊은 고찰을 하게 한다. 인간이 환경에 저항하고 존엄성을 지킨 것을 보여주고 있다. 우리에게 삶의 의미와 인간적인 변화에 대한 깊은 고민을 던지는 책이다. 이처럼 남과 다른 자신만의 스토리가 있으면 주제로 삼을 수 있다.

---

1) 《총각네 야채가게》 김영한, 거름, 2003.
2) 《죽음의 수용소에서》 오스트리아의 심리학자인 빅토르 프랑클이 아우슈비츠 강제 수용소에서 겪은 경험을 종합하여 쓴 책.

④ 자신이 좋아하는 주제

(내가 좋아하는 것은 무엇인가?)

'일은 일로 끝나면 좋겠다'라고 생각하고 쳐다보기도 싫어하는 사람도 있다. 그러면 내가 가지고 있는 취미나 관심 있는 분야를 글쓰기 주제로 선택하는 것도 좋다. 자신이 좋아하는 분야 지식은 전문가급은 아닐지라도 인간관계에서 꽤나 상위 레벨에 있을 것이다. '아마추어가 책을 쓸 수 있을까?' 그런 생각이 들 수도 있을 것이다. 그렇지 않다. 아마추어(Amateur)는 흔히 프로페셔널(Professional)의 반대되는 개념으로 쓰이는 말인데, 이 말은 '좋아하는 사람'이라는 뜻의 라틴어 아마토(Amator)에서 유래했다. 그 외에도 고대 그리스어 'Amateurein'(사랑하다), 프랑스어 'Amateur'(취미로 행하는 사람)에 어원을 두기도 한다. 어떤 분야를 좋아하고 사랑하는데 그 무엇을 못한다 말인가? 지금 나는 이 주제를 잘 쓸 능력이 부족하지만 이 주제는 나를 가슴 뛰게 한다. 나뿐만 아니라 많은 사람을 도울 수 있는 주제다. 그렇다면 도전해서 치열하게 배우고 정리해 나간다면 좋은 책을 쓸 수 있다.

│책 쓰기 TIP│

주제를 정하기 전에 먼저 스스로 자신에게 '나는 누구인가?' 질문을 하라. 이 질문에 대한 답이 나와야 책을 쓸 수 있다. 내가 누구인지, 나의 장단점은 무엇인지, 취미, 전공 등을 정확히 알아야 내가 어떤 책을 쓰고 싶은지 알 수 있다.

Q : 주제에 접근하는 방법이 있나요?

A : 주제 접근 4단계 방법을 통해 찾아보세요.

많은 작가들이 책을 출간해야 한다는 강박관념에 늘 시달리고 있다. 책 주제를 어떻게 잡아 나가야 할지 잘 모르고 있다. 주변 지인에게 물어보거나 책을 출간한 작가들에게 자문해 봐도 관련 책을 많이 읽으라는 답을 듣는 경우가 많다.

> **Executive Summary**
> 주제에 접근하는 방법
> ① 자신이 관심 있는 주제 검색하기
> ② 막연하게 생각한 주제에서 시사점 찾아내기
> ③ 찾아낸 시사점 중심으로 출간된 책 찾아보기
> ④ 관심 있는 책 중 최종 책 주제 선택하기

책을 많이 읽다 보면 자신이 무슨 책을 써야 할지 알게 된다고 하던데 아무리 읽어도 도대체 왜 책 주제는 정해지지 않을까? 책 주제만 선정되면 책 쓰기는 잘할 것 같은 생각이 들 만큼 책 주제를 선정하는 것이 만만치 않다. 지금부터 주제에 접근하는 4단계를 보자.

① 자신이 관심 있는 주제 검색하기

1단계는 자신이 관심 있는 주제에 관련된 어떤 책이 있는지를 검색하는 단계다. 우리가 인터넷 검색 창을 활용하여 필요한 정보를 획득하듯 마찬가지로 책 주제를 선정할 때도 가장 먼저 실행할 일은 관심 주제를 검색하는 일이다.

직장에서 생활을 잘 하는 방법 책을 낸다고 가정해 보자. 이럴 때 네이버나 구글에서 다양한 검색어를 입력해 볼 수 있다. '인정받는 직장 생활 하기' 혹은 '슬기로운 직장 생활' 등으로 검색할 수 있다.

② 막연하게 생각한 주제에서 시사점 찾아내기

2단계는 시사점을 찾아내는 단계다. 자신이 관심 있는 주제를 중심으로 검색하다 보면 이전에는 몰랐던 시사점을 발견할 수 있다. 만약 자신이 관심 있는 주제에서 시사점이 확인되지 않는다면 보다 다양한 검색어를 입력해 관심 주제를 검색해나가야 한다.

앞의 예시에서 '인정받는 직장 생활 하기' 혹은 '슬기로운 직장 생활'으로 검색했다. 그 결과 '비인격 팀장', '감정노동', '직장 내 괴롭힘', '직장 생활 예절'이라는 것들을 확인할 수 있다. 자신이 관심 있는 분야, 주제를 인터넷으로 다양하게 검색하다 보면 미처 알지 못했던 새로운 시사점(직장 생활 예절)을 확인할 수 있다.

③ 찾아낸 시사점 중심으로 출간된 책 찾아보기

3단계는 새롭게 찾아낸 시사점 중심으로 검색하라. 검색한 용어로 지금까지 발간된 책을 확인할 수 있다. 또한 해당 책이 자신에게 얼마나 적합한지도 판단해야 한다. 이러한 판단은 작가 스스로 해야 하므로 3단계에서 꼼꼼하게 확인하자.

④ 관심 있는 책 중 최종 책 주제 선택하기

4단계는 작가가 사용할 주제를 최종적으로 정하는 단계다. 3단계에서 '직장 생활 예절', '감정노동'이 적합하다고 판단했다. 이 중 자신이 맘에 드는 주제를 책 주제로 선택하면 된다. 이와 같은 과정을 거쳐 4단계에서는 '직장 생활 예절', '감정노동'으로 대체할 '감정노동 없는 직장 생활 예절'을 최종 책 주제로 확정할 수 있다.

이렇게 4단계를 거쳐 내가 쓰고자 하는 책 주제가 정해지면 꼭 체크할 사항이 있다. 그 주제가 독자에게 도움이 되는지 생각해 봐라. 독자에게 도움이 되지 않은 책은 팔리지 않는다. 독자에게 도움이 되는지 다음 세 가지 방법으로 체크하자.

첫 번째, 자신이 쓰고자 하는 주제가 현재 출판시장에서 통할지 살펴보자. 분명 내가 쓰고 싶은 주제가 있다. 하지만 그것이 현재 출판 시장에서 통하는지 살펴봐야 한다. 내가 원하는 주제로 된 책이 없다면 다시 생각해 봐야 한다. 독자들이 원하지 않는 책일 확률이 높다. 내가 쓰고 싶은 주제로 된 책이 나와 있는지 미리 조사하자.

두 번째, 현재 트렌드가 무엇인지 확인하라. 현재 트렌드가 뭔지 미리 알아보자. 내가 쓰고자 하는 주제가 최신 트렌드와 맞는지 살펴보는 것도 중요하다. 올해 트렌드를 잘 모른다면《트렌드 코리아》를 참고하자. 물론 트렌드 관련 책도 매년 가을부터 많이 출간되고 있으니 최신 트렌드가 뭔지 확인할 수 있다. 만약 내가 지금 쓰고자 하는 책이 '보고서 작성하는 법'에 대한 책을 쓴다고 하면 '챗GPT 활용하여 보고서 작성하는 법' 책을 쓴다면 독자는 더 관심을 갖는다.

세 번째, 내가 쓰고자 하는 주제의 분야 잡지를 구독해 흐름을 파악하자. 관심 주제의 분야 잡지를 구독해 계속 읽다 보면 어떻게 돌아가는지 알 수 있다. 잡지를 구독하기 힘들면 도서관에 가서 관련 잡지를 보자. 거기에서 내가 쓰고자 하는 주제가 현재 흐름과 잘 맞는지 확인해 보라. 이제 책 쓰기를 시작한 지 1주 차가 지났다. 많이 두렵고 막막하겠지만, 그럼에도 불구하고 묵묵히 따라오면 분명 나만의 책을 쓰게 될 것이다. 내가 당신과 함께 끝까지 갈 것이다. 당신의 책 쓰기 여정에 행운을 빈다.

Q : 좋은 주제는 어떻게 잡을까요?

A : 3S 비법으로 잡아봅시다!

주제 선정은 매우 중요한 전략 중 하나다. 주제를 잘 선정할 때와 잘못 선정할 때 책의 완성도가 확연히 차이가 나기 때문이다. 주제를 잘 선정하면 작가가 자신 힘으로 충분히 잘 쓸 수 있다. 같은 사람이 책을 쓴다고 하더라도, 좋은 주제를 선정했을 때는 책 쓰기가 훨씬 쉽고 편할 뿐만 아니라 더 수준 높은 책을 쓸 수 있다. 반면 주제 선정이 잘못되었을 때는, 작가가 책 쓰기가 매우 힘들고 어려워진다. 결과적으로 책 수준이나 완성도가 떨어진다. 주제가 분명하지 않으면, 글이 산만하게 되어 좋은 글이 되지 못한다.

Executive Summary

좋은 주제를 정하는 비법 (3S)

① Success: 충분히 경험한 주제

② Specific: 너무 범위가 넓거나 추상적이지 않은 주제

③ Sympathy: 여러 사람이 공감할 주제

책 쓰기를 시작할 때 가장 신경을 많이 써야 하는 부분이 주제 선정이다. 주제와 목차가 매우 중요한데 이것을 정하지 않고 본문

부터 쓰는 사람들이 있다. 그러면 힘들어져 중도에 포기하는 경우가 많다. 그러나 주제와 목차를 명확하게 정했다면 그 사람은 충분히 책을 쓸 수 있다.

좋은 주제는 어떤 주제일까? 어떤 주제가 관심과 열정을 가지게 할까? 어떤 주제를 가지고 써야 작가가 책 쓰기를 진정으로 즐길 수 있을까? 예를 들어, '21세기 지구촌 기아 문제 해결을 위한 각국의 노력'이라는 주제는 너무 범위가 넓고 추상적이다. 이런 책은 쓰기 힘들다. 너무 힘들고 어려운 주제는 작가에게 좋은 주제가 아니다.

독자들에게 사랑받는 좋은 주제 정하는 비법은 3S다.

① Success : 충분히 경험한 주제

충분히 경험한 주제로는 지식 분야, 노하우 분야, 경험 분야로 나눌 수 있다.

• 지식 분야 : 자신이 오랫동안 해온 일이나 그 분야 지식이 많은 사람이 쓰기에 적합하다.

예) 독서법, 대화법, 글쓰기, 공부법, 심리학, 뇌과학, 세계사, 한국사, 미술사, 엑셀, 워드, 파이썬, 인스타그램, 퍼스널 브랜딩 등

• 노하우 분야 : 가장 많은 사람들이 쓰고 가장 많이 판매되는 분야다. 한 사람의 노하우를 남들에게 돈을 받고 파는 시대가 되었다. 노하우를 필요로 하는 사람은 반드시 있기 마련이다. 당신 노

하우로 책을 만들어 그들의 기대를 충족시킬 수 있다.

예) 인간관계 노하우, 요리 노하우, 장사 노하우, 육아 노하우, 자기관리 노하우, 부동산 투자 노하우, 운동 노하우 등

• 경험 분야 : 아직 내가 겪지 못한 경험을 사람들은 궁금해한다. 내가 하지 못한 것을 미리 해 본 사람에게 듣고 싶어 한다. 남들이 궁금해할 만한 경험이 있다면 그 경험으로 책을 쓰면 된다.

예) 세계여행 경험, 교사 경험, 군대 경험, 워킹홀리데이 경험, 아르바이트 경험 등

② Specific : 너무 범위가 넓거나 추상적이지 않은 주제

책 쓰기 경험이 있더라도 가장 어려운 일중 하나가 주제를 선정이다. 주제를 잘 선정하면 책 쓰기 방향과 목표가 명확해지고, 효율적으로 자료를 수집하고 분석할 수 있다. 좋은 주제는 너무 범위가 넓거나 추상적이지 않다. 주제를 좁게 정하고 깊게 파고들면 독자에게 강한 인상을 준다. 자기의 관심사와 경험을 고려해 주제를 정하면 된다.

아직 주제를 세부적으로 좁히지 않았으면 주제를 충분히 넓게 조사하고, 많은 사람들이 아직 조사하지 않은 분야, 여전히 논의 중인 문제, 또는 매우 최근의 실용적인 문제와 같은 당신이 주목할 특정한 주제에 좁히기를 해야 한다.

(잘못된 사례) 인공지능

(잘 된 사례) 인공지능 역사와 발전, 인공지능의 윤리와 사회 영

향, 인공지능의 응용과 한계

③ Sympathy : 여러 사람이 공감할 주제

우리는 다른 사람 이야기에 위로받고, 공감한다. 공감하는 책이 판매되는 이유가 여기에 있다. 누구에게나 당신이 가진 생각이 무엇보다 필요한 상품이 될 수 있다. 누군가에게는 당신이 주는 위로가 매우 값질 수 있다.

• 에세이, 산문, 시 등

주제 이해를 깊게 한 후에는 주제를 좀 더 구체화하고 확정하는 단계를 거친다. 이 단계에서는 주제에 대한 세부적인 사항을 확인하고 이를 바탕으로 책 쓰기 구조를 계획한다. 예를 들어, '환경 변화'라는 주제를 선정했다면, 구체적인 질문은 '환경 변화가 우리나라에 어떤 영향을 미치는가?'와 같은 형태로 설정할 수 있다.

이렇게 책 쓰기에 필요한 질문을 해보면 주제에 집중하게 돕고, 책 쓰기 방향성을 제시한다. 주제 선정은 책 쓰기 과정의 가장 첫 단계이며, 이 단계에서 책 쓰기의 토대를 마련한다. 그러므로 주제 선정은 매우 중요하다.

Q : 책 제목은 어떻게 정하나요?
A : 책의 콘셉트와 메시지를 관통하며 정체성이 잘 드러나게 정하세요.

좋은 책 제목을 만드는 비법은 아래 문구를 기억하면 된다.

"①독자는 ②반전과 ③공감을 원하면서 ④왜 ⑤정확한 ⑥해결책이 있는 ⑦중요한 제목을 원하는가?"

책을 주목하게 만드는 가장 중요한 요인은 '제목'이다. 팔리는 책을 쓰기 위해서는 명확한 콘셉트가 중요하다. 콘셉트 결정판이 제목이다. 제목은 반드시 타깃 독자와 콘셉트를 잘 반영해야 한다. 이유는 간단하다. 독자는 우선 제목을 보고 책을 읽을지 말지 결정한다. 따라서 독자 호기심을 자극하고 흥미를 끌 제목을 정해야 한다. 명품 브랜드는 제품도 좋지만 제품 못지않게 포장에도 신경을

Executive Summary

좋은 제목 만드는 비법
① 독자는 무슨 이익이 있는가?
② 반전과 역설이 있는가?
③ 독자의 마음에 공감하는가?
④ 왜? 호기심을 자극하는가?
⑤ 정확한 숫자가 포함되어 있는 제목인가?
⑥ 해결책이 있는 제목인가?
⑦ 중요한 일이고 지금이 기회임을 인식하는 제목인가?

쓴다. 책도 마찬가지다. 책 내용이 아무리 훌륭해도 책 제목이 좋지 않으면 책은 팔리지 않는다. 책 제목은 한눈에 읽히고 각인되어 오래 기억에 남는 제목으로 만들어야 한다. 제목 만들기는 독자가 제목만 읽고도 책 내용이 무엇인지 감을 잡을 수 있어야 한다.

① 독자는 무슨 이익이 있는가?

사람은 누구나 자신의 이익에 민감하다. 책 제목이 독자에게 무슨 이익이 돌아가는지 알려줘야 한다.

《나는 부동산 경매로 17억을 벌었다》, 《나는 독서 재테크로 매년 3천만 원 번다》, 《한 번 읽으면 돈 벌고, 두 번 읽으면 부동산 고수 되는 책》, 《불안과의 싸움: 내면의 평화를 찾는 여정》, 《10년 후 100배 오를 암호화폐에 투자하라》, 《코로나 시대 최고의 재테크는 비트코인 투자다》 등이 이에 해당된다.

특히 재테크 관련 책은 시대 흐름과 밀접한 관계가 있어 부동산 시장이 활황이면 부동산에 관심이 많은 독자에게 사랑받을 수 있고, 주식 시장이 활황이면 주식에 관심이 많은 독자에게 더 많은 선택을 받을 수 있다.

② 반전과 역설이 있는가?

좋은 제목이란, 작품과 연관성을 가지면서도 의외의 매력이 있어야 한다. 사람 외모가 매우 험악하게 생기고, 말도 없어서 무섭고 접근하기 힘든 사람인 줄 알았는데, 나중에 알고 보니 너무 친절하고 한없이 좋은 사람이다. 그러면 반전 매력이 있어서 더 강렬하게 기억에 남는다. 책도 마찬가지다. 책 제목을 보고 전체 분위기를 유추할 수 있어야 하지만 새로운 반전을 주어야 한다.

《미움을 받을 용기》,《가끔은 제정신》,《하마터면 열심히 살 뻔했다》,《병신 같지만 멋지게》,《적을 만들지 않는 대화법》등이 이에 해당한다.

③ 독자의 마음에 공감하는가?

최근 공감이란 단어를 많이 사용한다. 이 단어는 요즘 트렌드를 반영하고 있다. 세상이 물질적으로 살기는 더 좋아졌지만 가면 갈수록 세상은 각박해지고 인간미는 떨어지고 있다. 그래서 독자들은 더 많이 외로움을 느끼고 위로받고 싶어 한다. 독자가 듣고 싶어 하는 말, 공감하는 말을 찾아 그것을 제목으로 만들어라. 평소에 마음속에 담아두었던 것을 꺼내 제목으로 써라. 책으로 위로받고 싶은 독자들은 이런 제목이 매혹적일 수밖에 없다.

《너는 나에게 상처를 줄 수 없다》,《혼자 잘해주고 상처받지 마라》,《지지 않는다는 말》,《눈앞에 없는 사람》,《모든 관계는 말투에서 시작된다》등…….

④ 왜? 호기심을 자극하는가?

《영화광》이란 책으로 유명한 미국 작가 워커 퍼시는 이런 말을 했다. "무릇 좋은 책 제목은 너무 까다롭지도 않고, 그렇다고 너무 쉽지도 않으면서 사람을 궁금하게 만들어야 한다." 그러면 사람을 궁금하게 만드는 제목은 어떤 것일까? 해당 주제에 관심이 없던 사람도 질문을 듣는 순간 답이 무엇인지 궁금해지는 책 제목이 있다. 내 책 주제와 관련해 질문을 만들어보자.

《정의란 무엇인가》는 사회 부조리가 만연하던 때에 출간이 되어 더 많은 이목이 집중되어 그 해 베스트셀러가 되었다. 매우 어려운 책임에도 불구하고 '왜 읽어야 하는지' 그 이유를 독자들에게 명확하게 가르쳐 주었기 때문이다. 이래서 책 제목은 중요하다.

《정의란 무엇인가》,《어떻게 살 것인가》,《초등학생이 알아야 할 과학 100가지》,《영어공부 절대로 하지 마라!》,《미쳐야 산다》,《미국을 발칵 뒤집은 판결 31》등⋯⋯.

⑤ 정확한 숫자가 포함되어 있는 제목인가?

숫자로 정리된 제목은 독자 관심을 끌 수 있다. 정확한 수치와 구체적인 정보는 읽는 사람들에게 매력적으로 다가간다. 책 제목에 숫자를 활용하면 독자 호기심을 자극하고 기억에 남게 만들 수 있다. 숫자만큼 구체적인 것은 없기 때문에 독자들에게 매력적으로 다가간다. 숫자가 들어간 책 제목을 보자.

《7년의 밤》,《28》,《49일의 레시피》,《스물아홉 생일, 1년 후 죽기로 결심했다》,《1등의 습관》,《1cm 다이빙》,《살아 있는 동안 꼭 해야 할 49가지》,《초등학생이 알아야 할 100가지》,《강성태 66일 영어회화》등⋯⋯.

⑥ 해결책이 있는 제목인가?

오래전부터 인간은 문제를 해결하지 못하면 계속 갑갑함을 느낀다. 해결책을 제시하는 책 제목은 독자 호기심을 자극한다. 문제를 해결하고자 하는 사람들에게 흥미를 불러일으킬 수 있다. 여러 가지 방법으로 매력적인 제목을 지을 수 있다.

《책 잘 읽는 방법》,《막막할 때마다 꺼내 읽는 면접책》,《생각 버리기 연습》,《합법적으로 세금 안 내는 110가지 방법》,《생각의 비밀》,《8등급 꼴찌, 수석 졸업하게 된 9가지 공부 비결》,《보도 섀퍼의 이기는 습관》,《진짜 쓰는 실무 엑셀》 등……

'기술', '비법' 등과 같은 단어는 독자 마음을 움직이는 데 효과적이다. 마치 책이 비밀을 알고 있을 것 같은 기분이 들게 한다.

⑦ 중요한 일이고 지금이 기회임을 인식하는 제목인가?

백화점이나 홈쇼핑에서 '오늘 마지막 단독 세일', '지금 여기서만 이 가격에 판매합니다.', '이번이 마지막 기회' 이런 말이 나오면 사람들은 다시한번 뒤돌아보게 만들고 결국은 필요하지도 않은데 사게 되는 경우가 종종 있다. '기회는 지금뿐이야!'라고 판단하면 그 기회를 잡으려고 온갖 애를 쓴다. 왠지 지금 당장 하지 않으면 큰일이 날 것처럼 느껴진다. 그렇다면 어떤 제목이 사람들 마음을 흔들까?

《50세부터 인생관을 바꿔야 산다》,《서른 살이 심리학에게 묻다》,《마흔에 읽어야 할 손자병법》,《20대에 하지 않으면 안 될

50가지》,《대한민국 20대, 재테크에 미쳐라》등 이런 책들은 나와 나이대가 같으면 그때 꼭 해야 할 것 같지 않은가?

제목을 정할 때 위의 비법으로 제목을 정한다면 잘 지은 제목에 한 걸음 더 가까워질 수 있다. 이 밖에도 좋은 제목을 정하는 방법은 여러 가지가 있다. 지금 당장 서점에 가서 내가 쓰고자 하는 주제 다른 책들은 어떤 제목을 사용하고 있는지 둘러봐라. 베스트셀러 책 제목을 참고하면 좋다.

| 책 쓰기 TIP | 감동을 주는 글 쓰는 법

인간의 심리를 알면 감동을 주는 글을 쓰기 쉽다. 누구나 이기주의인 사람을 좋아하지 않는다. 이타적인 사람을 좋아한다. 누구나 잘난 척하는 사람을 좋아하지 않는다. 겸손한 사람을 좋아한다.

누구나 거짓말하는 사람을 좋아하지 않는다. 솔직한 사람을 좋아한다. 누구나 쉽게 성공한 사람을 좋아하지 않는다. 어렵게 성공한 사람을 좋아한다. 감동을 주는 글은 이타적이고, 겸손하고, 솔직하게, 어려웠던 일을 쓰면 감동을 준다.

Q : 개요 작성은 어떻게 해야 하나요?

A : 책의 개요(장) 작성은 프레젠테이션 발표 방법, 요점 정리 방법, 학생 가르치기 방법으로 작성하세요.

> **Executive Summary**
> 쉽게 개요(장) 작성하는 방법
> ① 프레젠테이션 발표 방법
> ② 요점 정리 방법
> ③ 학생 가르치기 방법

모든 예술에는 형식이 존재한다. 예술은 자유로워 보이지만, 실제로는 형식과 구조를 따르는 경우가 많다. 예술의 형식은 작품의 표현 방법, 내용, 구성 등을 결정한다. 음악에도 '소나타'³라는 형식이 있다. 미술에도 한 폭의 그림을 그리기 위해서는 '구조'를 잡을 줄 알아야 한다. 영화도 기승전결을 효과적으로 보여주기 위한 '시나리오'가 있다. 책 쓰기도 하나의 예술이다. 일정하게 형성된 격식이나 형식이 있다. 이것을 '개요'라고 부른다. 개요는 뼈대이자 밑그림이다. 개요는 책의 구조

---

3) 소나타 형식(Sonata form)이란 고전파 시대 초기부터 광범위하게 사용된 악곡의 형식을 말한다. 전형적인 소나타 형식은 제시부, 전개부, 재현부의 3부로 되어 있다.

다. 매우 중요하다. 개요를 어떻게 선정하느냐에 따라 책 운명이 갈린다.

아무 생각 없이 쓴 책은 마치 설계도 없이 마구잡이로 쌓아 올린 벽돌집과 같다. 겉보기엔 집의 모양을 갖추긴 했지만, 아무리 잘 쌓는다고 해도 시간이 지나면 균열이 생긴다. 시간이 지날수록 이 집은 문제투성이가 된다. 글도 마찬가지다. 벽돌집처럼 생각나는 대로 쓴 글은 빨리 쓸 수 있다. 생각나는 대로 적는 것은 어렵지 않다. 어느 방향으로 가고 있는지 고민을 하지 않고 쓰기만 한다. 그러다 보니 문단 사이네 괴리가 생긴다. 통일성과는 거리가 점점 멀어진다. 그리고 불필요한 문단이 들어가서 전체 주제가 흐려진다. 글이 길어지면서 문제가 생긴다.

만약 개요 없이 책을 쓰면 제자리걸음만 계속한다. 책 쓰기를 마쳤다고 해도 좋은 결과물은 나오기 힘들다. 결국, 다시 써야 하는 상황이 발생한다. 개요가 없으면 책을 완성하기 힘들다. 이런 시행착오를 줄이는데 필요한 것이 바로 글의 뼈대를 잡아주는 것이다. 이것을 개요라 한다. 잘 짜인 개요가 있으면 책 쓰기는 한결 수월하다. 개요를 잡게 되면 불필요한 이야기를 걸러낼 수 있고 하나의 주제로 일관된 이야기를 할 수 있다. 기초공사를 탄탄히 하고 철근으로 뼈대를 잡고 그 위에 콘크리트를 부어 만든 집처럼 단단한 구조를 가지게 된다. 개요를 짤 때 생각해봐야 할 세 가지가 있다.

① 왜(Why): 왜 쓰려고 하나?

② 무엇을(What): 책에 무엇을 담을 것인가?

③ 어떻게(How): 어떻게 문제를 해결할 것인가?

개요를 만드는 첫 번째는 당신 책에 맞는 '장'들을 구성하는 것이다. '장'이란 무엇일까? 장은 충분히 검토된 핵심 아이디어다. 당신이 책을 어떻게 구성하는지에 따라 과정 속 한 단계일 수 있다. 여러 가지 원칙 중 하나일 수도 있다. 장 목록을 계속 작성하면서 더하고 빼고 수정하면서 당신이 설명하려는 주된 요점이 당신이 말하고자 하는 차례로 맞춰질 때까지 수정하자. 책 순서보다는 어떤 내용을 넣고 싶은지 파악하는데 집중하자.

책의 개요(장)를 구성하는 방법은 여러 가지가 있지만 내가 생각하는 효과적인 방법은 다음 세 가지다.

① 프레젠테이션 발표 방법

이 방법은 회사나 공적인 자리에서 발표를 한다고 생각하라. 당신이 강연이나 프레젠테이션을 한다고 상상해 보자. '1부는 어떻게 뭘 발표해야 하나?', '2부는 뭘 발표할까?', '어디서 주장하고 싶은 말을 강조할까?' 이런 생각을 정리해서 장 구성으로 삼으면 된다.

② 요점 정리 방법

당신의 책에 넣고자 하는 주요 아이디어, 개념, 논쟁, 원칙들을 적는다. 너무 세세하게 적을 필요는 없다. 아주 구체적일 필요는 없고 주된 요점을 적어보자. 너무 세세하게 늘어놓으면 당신은 너무 깊이 빠져들어 큰 그림을 못 본다. 설명은 짧은 문구나 한 문장으로 제한해서 주요 논점에서 떨어지지 않게 하자. 머릿속에 떠오르는 많은 세부 사항을 놓칠까 봐 걱정하지 마라. 요점만 봐도 당신은 책을 쓸 때 생각이 난다. 요점 정리 방법은 독자에게 설명하고자 하는 내용을 명확히 하는 방법이다.

③ 학생 가르치기 방법

당신이 학교 선생님이다. 당신은 책에 있는 내용을 학생들에게 가르쳐야 한다. 주된 가르침은 무엇인가? 수업 시간에 학생들에게 무엇을 가르칠 것인가? 책에 있는 중요한 내용들을 어떤 식으로 가르칠 것인가? 그것을 모두 적어둔다.

학생들이 이해하기 쉽게 전달하는 방법은 뭐가 있을까? 어떤 점을 특히 유익했다고 여기는가? 어떤 점을 어려워하는가? 이런 생각들을 적고 순서를 정하면 훌륭한 책의 개요(장) 구성이 된다.

Q : 독자를 유혹하려면 어떻게 해야 하나요?

A : ABC 비법으로 끌림이 있는 목차를 만드세요!

"목차를 제대로 짜지 않은 상황에서 무작정 글을 쓰다 보면 책의 균형이 깨지는 경우가 비일비재하며, 특히 용두사미가 되는 경우가 흔하다." - 임승수 [《삶은 어떻게 책이 되는가》, 한빛비즈(2014)]

Executive Summary

독자에게 "끌림이 있는 목차를 작성하는 ABC 비법"

① A: Attractive 끌리는 매력적인 목차를 써라

② B: Blueprint 전체 책의 내용이 함축된 한 페이지 설계도다.

③ C: Concept & Coherent 책의 콘셉트에서 벗어나지 않게 일관성 있게 써라.

책 쓰기에서 목차는 매우 중요한 역할을 한다. 목차는 뼈대다. 책에서 목차 역할을 보자.

① 구성 : 책의 내용을 구성하고 방향을 설정하는데 중요한 역할을 한다.

② 보호 기능 : 목차를 보고 어떤 내용이 다뤄질지 미리 파악할 수 있다.

③ 내용 전달 : 목차는 책 내용을 요약하는 역할을 한다. 목차만 읽어도 책 주요 내용을 짐작할 수 있다. 잘 만든 목차는 책 수준을

결정하는 중요한 요소다.

④ 콘텐츠 구성 능력 : 목차를 보면 책을 구성하는 능력이 한눈에 드러난다. 잘 만든 목차만으로도 책을 완성한 거나 다름없다.

집을 지을 때 뼈대인 기초공사를 제대로 하지 않으면 부실공사가 되어 문제가 생긴다. 책도 마찬가지로 목차를 만들지 않고 책을 쓰면 중간에 방향을 잃어버리기 십상이다. 목차는 등대이자 이정표 역할을 한다. 목차를 짜지 않고 원고를 쓰는 사람은 책을 끝까지 못 쓰고 중도에 포기하는 경우가 많다. 이것은 시간 낭비이자 노력 낭비다. 뭐든지 기초가 탄탄해야 한다.

책을 쓸 때 목차를 꼼꼼히 정리하고 구체적으로 구성하는 작업이 중요하다. 목차가 탄탄하면 책 내용도 단단하게 전달될 수 있다. 목차는 말하고자 하는 주제와 콘셉트에 맞춰 일목요연해야 한다. 아무리 내용이 좋더라도 목차에서 그것이 드러나지 않으면 독자들은 선택하지 않는다. 목차만 잘 완성돼도 책 절반을 쓴 거나 다름이 없다.

목차를 정할 때 중요한 점은 독자들이 책을 집어 들고 있게 정해야 한다는 것이다. 우리가 서점에 갔을 때를 생각해 보자. 베스트셀러 코너를 먼저 돌아보고 제목이 끌리는 책을 집어 든다. 책을 아무 곳이나 펼쳐서 몇 군데 읽어보다가 목차를 본다. 목차를 보고 맘에 드는 페이지로 가서 읽기 시작한다. 독자는 목차를 보고 책을 살지 말지 결정을 한다. 그렇다면 어떻게 목차를 구성해야 독자의 구매 감정을 유발할 수 있을까? 어떤 책이 되었든 목차에는 나름의 규칙이 있다. 'Why → What → How' 순으로 목차를 구성하면 된다.

이 책은 1개의 '서론', 4개 '부'로 만들었다.

왜(Why) [책을 써야 하는지] 설명하고, 무엇을(What) [책 쓰기 기획과 자료조사 중요성을] 담고 있으며, 어떻게(How) [60일 만에 책을 집필하는 법을] 당신에게 가르쳐 주고 있다.

서론: 작가란 무엇인가? (Why)

제1부: (기획) 책 쓰기의 성공은 기획력에 달려있다 (What)

제2부: (자료 수집) 데이터 시대에 결국은 자료다 (What)

제3부: (집필) 책 쓰기는 훈련 (How)

제4부: (퇴고) 진짜 책을 만드는 마지막 담금질 (How)

이 책은 크게 3단으로 구성되어 있다.

서론에는 작가란 무엇이고 왜 책을 써야 하는지 이유가 나와 있고 (Why), 제1~2부는 책 쓰기 기획과 자료 조사의 중요성을 설명하고 있으며 (What), 제3~4부는 책 쓰기 집필과 퇴고를 어떻게 하는지 방법이 담겨있다. (How)

이렇듯 구조화된 목차는 보기에 좋을 뿐만 아니라 독자로 하여금 책의 매력을 느끼게 한다. 목차는 책 콘셉트와 일관성 있게 쭉 이어져야 한다. 보통 목차는 콘셉트(Concept)에서 시작해서 장(Chapter) 목차로 가고, 그다음 꼭지(Unit)로 가고, 꼭지보다 하위 목차인 소제목 이런 식으로 내려간다.

콘셉트(Concept) > 장(Chapter) > 꼭지(Unit) > 소제목

그러면 이런 독자의 구매 감정을 유발할 수 있는 목차는 어떻게 만들 수 있을까?

① 아무리 매력적인(Attractive) 내용이라도 목차에서 그것이 잘 표현되지 않으면 독자 공감을 얻기 힘들다. 책을 집어 들었을 때 제일 먼저 보는 페이지가 제목, 표지, 목차다. 목차가 끌린다면 이미 반은 성공한 셈이다.

② 목차는 책 설계도(Blueprint)다. 목차는 어떤 내용이 담겨 있는지 보여줘야 한다. 아무리 내용이 좋아도 한눈에 보이지 않으면 아무 쓸모가 없다. 목차 구성에는 가독성이 필요하다. 사람들은 언제나 잘 정리되고 요약된 것을 좋아한다. 따라서 목차는 책 설계도라고 생각하고 잘 잡아야 한다.

③ 목차에서 잊지 말아야 할 것이 책의 콘셉트(Concept)에서 벗어나지 않아야 한다. 콘셉트를 잘 반영하고 있어야 한다. 좋은 목차는 주제를 잘 표현하고, 재미있고 쉽게 구성되어 있으며 일목요연(Coherent) 해야 한다. 한마디로 보기 편해야 한다.

12일 차 목차 구성 1

Q : 목차는 왜 중요한가요?

A : 목차는 설계도이자 이정표이자 등대이기 때문입니다.

본인만의 독단적인 판단으로 목차를 쉽게 정하면 책 쓰기가 산으로 갈 수도 있다. 많이 고민할수록 많은 의견을 수렴할수록 좋은 목차가 나온다. 목차는 출력해서 매일 가지고 다니면서 계속 생각해 보고 더 좋은 목차가 있는지 찾아보아라. 깊게 사고하면 다양한 관점을 탐색할 수 있다. 목차를 다양한 각도에서 바라보고 더 적합하고 새로운 목차를 발견할 수 있다.

> **Executive Summary**
> 목차의 중요성
> ① 독자의 관심을 끎
> ② 책의 구조를 제공
> ③ 내용의 일관성과 논리적 흐름 제공
> ④ 키워드(핵심 내용), 하위 제목 (구체적 내용)
> ⑤ 출판 과정에서 필요한 요소

목차는 독자에게 책의 구조와 내용을 미리 알려주는 역할을 한다. 목차는 독자가 책을 선택할 때 중요한 요소다. 목차의 중요성은 크게 다섯 가지다.

① 독자의 관심을 끌기 위해 : 독자는 목차를 통해 책의 내용과

주제를 미리 파악하고, 자신이 원하는 내용이 포함되어 있는지 확인한다.

② 책의 구조를 제공하기 위해 : 목차는 책의 구조를 나타낸다. 각 장과 순서를 보여주며, 독자가 책 읽는 동안 어떤 내용이 나올지 예상할 수 있도록 도와준다.

③ 내용의 일관성과 논리적 흐름 : 목차는 책 내용을 일관성 있게 구성하는 데 도움이 된다. 잘 구성된 목차는 주제 간의 논리적인 연결을 보여준다. 독자가 내용을 이해하기 쉽게 해준다.

④ 키워드와 하위 제목 : 목차는 키워드와 하위 제목으로 구성된다. 키워드는 각 항목의 핵심 내용을 요약하고, 하위 제목은 더 구체적인 내용을 설명한다.

⑤ 출판 과정에서 필요한 요소 : 목차는 책을 출판할 때 필요한 요소 중 하나다. 출판사 편집자가 책을 검토할 때 목차를 통해 책의 내용과 구조를 파악하며 책의 가치를 판단한다. 이러한 이유로 목차는 상당히 공들여 작성해야 한다.

목차를 매일 출력해 가지고 다니는 습관은 책을 쓰는 작가에게 매우 유용하다. 목차는 책 구조를 시각적으로 보여준다. 내용을 체계적으로 정리하는 데 도움이 된다. 매일 목차를 출력해서 가지고 다니면 항상 목차를 생각하게 된다. 이렇게 하면 계속 책 주제와 내용을 상기하게 된다. 다음 작업을 계획할 때 도움이 된다.

목차를 더 효율적으로 관리하려면 목차 구조화가 필요하다. 목차는 책 구조를 나타내는 핵심 요소다. 각 장과 소제목을 체계적으로 정리해야 한다. 주제별로 목차를 그룹화하고, 관련된 내용을 함께 묶으면 독자가 책 흐름을 더 쉽게 파악할 수 있다.

목차는 처음부터 완벽하게 정리하지 않아도 된다. 책을 쓰면서 내용이 바뀌거나 추가되는 경우가 많다. 목차를 유연하게 관리하고 필요한 부분은 추가하거나 수정하라. 새로운 아이디어가 떠오르면 목차에 반영하라. 각 장 키워드를 정리하고, 해당 키워드와 관련된 하위 항목을 작성하라. 예를 들면 '1장 서론' 아래에 '1.1 연구 배경'과 '1.2 연구 목적'과 같은 하위 항목을 추가할 수 있다.

목차를 시각적으로 보여주는 방법도 고려하라. 트리 다이어그램이나 마인드맵을 활용해서 목차를 시각화할 수 있다. 이러면 목차 구조를 한눈에 파악할 수 있다. 컴퓨터 기반 목차 관리 도구를 활용하는 방법도 있다.

워드 프로세서나 전용 목차 관리 프로그램을 활용하면 목차를 쉽게 작성하고 수정할 수 있다. 목차 관리는 책 쓰기 과정에서 중요한 부분이므로 꾸준한 관리와 유연한 접근이 필요하다. 효율적인 목차 관리가 결국 좋은 책으로 이어진다. 목차를 출력해 매일 가지고 다니라고 한 이유 중 가장 큰 목적은 책 방향이 제대로 잡혔는지 최소 2~3일에서 일주일 정도에 걸쳐서 고민을 해보라는 뜻이다. 이 방향이 맞는지 올바른지 여러 각도에서 치열하게 고민해 보고 검증해 보는 시간이 필요하다. 그렇게 하지 않고 그냥 처음 정한 목차로 책을 쓰기 시작하면 어떤 사태가 벌어질까? 책을 한참 쓰고 난 뒤 방향이 틀어졌다는 것을 뒤늦게 깨닫는 순간이 생긴다. 한 번 방향을 정하고 어느 정도 원고를 쓴 다음에 되돌리기는 보통 힘든 게 아니다. 그렇기 때문에 맨 처음 시작하는 이 단계에서 오랫동안 심각하게 고민해야 한다. 처음에 방향을 잘 잡고 책 쓰기를 시작해야 시행착오가 훨씬 많이 줄어든다. 이 단계에서 일주일 정도 고민에 고민을 거쳐 방향을 잡고 확신이 서면 그때 써라. 이 방법이 오히려 더 현명한 책 쓰기다.

결과적으로 그게 더 시간을 절약하고 힘을 아끼는 효율적인 방법이다. 원고 쓰기는 진짜 숙고의 시간을 거쳐 목차가 정해진 뒤 본격적으로 써도 늦지 않다. 절대 무작정 원고 쓰기부터 들어가면 안 된다. 정말 후회한다. 써야 할 원고가 많은데 책이 중간에 다른 방향으로 가면 다시 올바른 방향을 찾기 어렵다.

Q : 목차는 어떻게 짜나요?

A : 책의 내용이 잘 요약되고, 콘셉트를 잘 반영하고, 각 장이 따로 구분되게 하되 전체 콘셉트로 봤을 때 유기적으로 연결되게 만드세요.

책 쓰기는 집 짓기와 같다. 집을 지으려면 가장 먼저 설계도면을 작성해야 한다. 책 쓰기 설계도가 목차다. 책 쓰기를 처음 시작하는 사람은 책을 쓸 궁리만 하고 정작 중요한 설계도는 그리지 않는다. 책 쓰기에서 콘셉트와 주제 다음으로 중요한 것이 목차다. 목차가 정해졌

> ♬♬♬♬♬♬♬♬♬♬♬♬♬
>
> ### Executive Summary
> 목차 구성 비법
> ① 책의 내용이 잘 요약되어 있어야 한다.
> ② 책의 콘셉트를 잘 반영해야 한다.
> ③ 각 장이 따로 구분되도록 하되 전체 콘셉트로 봤을 때 유기적으로 연결되어야 한다.

으면 이미 책 쓰기 절반은 끝났다고 봐도 무방하다. 목차가 완성되면 원고 쓰기는 일사천리로 진행된다.

목차는 책 콘셉트에 맞는 흐름이면 된다. 어떤 책이든 큰 줄기를 세우고 세부 목차를 정하면 된다. 목차는 부 > 장 > 절 > 중 > 소제목

으로 위상을 나눌 수 있다. 장과 절은 모든 책에서 사용한다. 그런데 부는 그렇지 않다. 장이 많을 때 부를 사용하면 내용을 더 일목요연하게 독자에게 전달할 수 있다. 장이 너무 적을 때는 적합하지 않다. 부로 나눴는지가 중요하지 않다. 나눴을 때 더 일목요연하게 정보를 제공하는지가 더 중요하다.

목차는 다음과 같은 순서로 정한다. 큰 위상부터 정한다. 부·장 제목을 정한다. 작성한 목차를 보고 유기적으로 연결되었는지 확인한다. 절 제목도 정한다. 국내 출간된 책 목차와 비교해 본다. 최종적으로 책 콘셉트에 부합하는 목차인지 확인한다. 이렇게 정한 목차는 중간에 바뀌는 경우도 많다. 책을 쓰다 보면 내용이나 순서가 바뀌는 경우도 생긴다. 건축이나 소프트웨어 설계도도 개발하다가 변경되듯이 책도 유연하게 적용하면 된다. 끝으로 목차 옆에 작성할 사례, 예상 분량을 적어봐라. 예상 분량을 미리 생각을 해놓으면 집필하면서 일정 관리에 도움이 된다. 목차에는 일정한 패턴이 있다.

[목차의 패턴]
- 왜 (Why) ①문제 제기(호기심 자극)→②설명
- 무엇을 (What) ③해결책→④근거·주장→⑤사례
- 어떻게 (How) ⑥마무리→⑦제안하기·결론

2023년 베스트셀러 중 하나인《역행자》를 분석해 보자.

프롤로그_ 30대 초반, 일하지 않아도 월 1억씩 버는 자동 수익이 완성되다

1장 : 나는 어떻게 경제적 자유에 이르게 되었나 ①문제 제기(호기심 자극)

2장 : 역행자 1단계_ 자의식 해체 ②설명

3장 : 역행자 2단계_ 정체성 만들기 ②설명

4장 : 역행자 3단계_ 유전자 오작동 극복 ②설명

5장 : 역행자 4단계_ 뇌 자동화 ②설명

6장 : 역행자 5단계_ 역행자의 지식 ③해결책 ④근거·주장

7장 : 역행자 6단계_ 경제적 자유를 얻는 구체적 루트 ⑤사례

8장 : 역행자 7단계_ 역행자의 쳇바퀴 ⑥마무리

에필로그_ 역행자가 되어 완벽한 자유를 누려라 ⑦제안하기·결론

자기계발서의 스테디셀러인《부의 추월차선》을 분석해 보자.

1장 : 부자 되는 데 걸리는 시간 50년 ? 맙소사! ①문제 제기(호기심 자극)

2장 : 제대로 공부하고 역경을 이겨내야 목적지에 도달한다 ②설명

3장 : 가난을 만드는 지도 : 인도(人道) ②설명

4장 : 평범한 삶을 만드는 지도 : 서행차선 ②설명

5장 : 부자를 만드는 지도 : 추월차선 ③해결책

6장 : 지금 당신 인생의 운전대를 잡아라 ④근거·주장

7장 : 제한 속도 없이 달릴 수 있는 멋진 길이 있다 ⑤사례

8장 : 당신의 실행력이 당신의 최고 속도다 ⑥마무리 ⑦제안하기·결론

맺음말_ 당신을 가두는 혼란스러운 과거에서 벗어나라

목차에는 일정한 패턴이 존재한다. 패턴을 배우는 가장 좋은 방법은 서점에 가서 내가 쓰려고 하는 주제의 책들을 모두 꺼내서 목차만 쭉 읽어봐라. 많이 보면 많이 볼수록 좋다. 최소 30권 이상의 목차를 봐라. 그러면 내가 목차를 어떻게 써야 할지 답이 나온다.

| 책 쓰기 TIP | 자기 이야기만 하지 말고 독자들이 궁금해 할 만한 것을 담아라.

처음에 책을 쓰게 되면 자기 생각과 사례를 위주로 쓴다. 내 이야기만 하는 것이다. 책은 기본적으로 나의 이야기가 바탕이 되는 것이 맞다. 하지만 그 이야기가 독자들도 좋아할 이야기인지 생각해 봐야 한다. 책은 독자들에게 소통하고 영향을 미치게 하기 위해서 쓰는 글이다. 책 쓰는 동안 그 점을 잊지 말아라.

2부_ 자료 수집

데이터시대에
결국은
자료다

14일차 | 시장 분석

Q : 경쟁 도서 분석을 어떻게 시작해야 할까요?
A : 지피지기면 백전백승(知彼知己 百戰百勝)이라 했습니다. 경쟁 도서를 분석할 때는 최소 20권 이상 읽고 장·단점을 분석하세요.

Executive Summary

경쟁 도서 분석 비법
① 경쟁 도서 최소 20권 이상 읽고 장·단점을 분석하라.

책을 쓰는 과정에서 충분한 자료조사는 핵심적인 요소다. 실제로 출간된 책은 작가가 꼼꼼한 자료조사를 거쳐 집필한 결과물이다. 이러한 과정을 소홀히 할 수 없다. 책은 자신이 쓴 글로 상대를 설득할 수 있어야 한다. 책을 쓰기 위해 주제를 정하게 되면 이와 관련된 자료를 조사하는 일이 중요하다.

자신이 설정한 주제와 동일하거나 비슷한 주제를 다룬 책을 면밀히 조사해야 한다. 당신이 가장 먼저 할 일은 이미 출간된 관련 주제의 책을 읽고 분석하는 일이다. 최소 20권 이상 경쟁 도서를 읽어보길 권한다. 많이 보면 볼수록 좋다. 여기에 투자하는 시간과 돈을 아끼지 마라. 많이 읽고 분석해 쓴 책일수록 완성도가 높다.

시장에서 경쟁 도서를 모두 뽑아봐라. 잘 쓴 경쟁 도서와 그렇지 못한 경쟁 도서를 모두 봐라. 승자에게서도 배워야겠지만, 패자에게서도 배워야 한다. 왜 잘 팔렸는지, 왜 안 팔렸는지 분석해야 한다. 가능하면 경쟁 도서를 구매해서 읽어봐라. 자신의 책 콘셉트를 잡을 때 활용하고 출판사에 투고를 할 때 경쟁서 분석 내용을 제시하면 좋다. '지피지기면 백전백승'이라 하지 않았는가?

자료조사를 위한 책 읽기 할 때 중요한 점은 단기간에 몰아서 책을 읽어야 한다. 그렇게 하지 않으면 자료 수집이 제대로 되지 않고, 읽었던 내용도 잊어버리게 된다. 자료조사는 최대 한 달이 넘지 않아야 한다. 자료조사는 주제의 깊은 이해와 신뢰성 있는 정보를 제공하는 중요한 단계다. 효율적인 자료 수집을 위해서 경쟁 도서 분석하기 이외 다양한 방법도 활용해 보자. 자료조사의 종류는 다음과 같다.

[자료 조사의 종류]
① 책에서 찾기 : 체계적이고 구조화된 지식을 얻기 위해 관련 서적을 많이 참고하라. 원하는 주제와 관련된 책을 20권 이상 읽어라. 책 내용을 분석해 저자가 어떻게 주제를 다루고 있는지, 어떤 자료를 인용했는지 확인하라.
② 기사에서 찾기 : 기사는 이유가 되었던 주제에 정리된 정보를 제공한다. 관련 주제 기사를 검색하여 유용한 자료를 찾아라.

③ 공공 데이터 포털 : 국가에서 운영하는 공공 데이터 포털에서 통계 및 데이터 자료를 찾을 수 있다.

④ 정부 주무관청 사이트 : 정부 각 주무관청은 해당 분야 보고서를 제공한다. 해당 분야 최신 정보와 자료를 확인할 수 있다.

⑤ 논문

⑥ 법령

⑦ 정책자료

⑧ 저작권이 만료된 저작물

[자료 활용 시 유의해야 할 점]

① 정확한 출처 밝히기 : 인용 자료를 사용할 때는 반드시 출처를 분명하게 밝혀야 한다. 특히 인터넷에서 검색한 자료를 인용할 때는 주의가 필요하다.

② 정보의 신뢰성 확인 : 자료를 활용하기 전에 정보 신뢰성을 확인하라. 신뢰할 출처에서 얻은 자료를 사용하라.

③ 자료를 자신의 목적에 맞게 변형 : 자료를 그대로 가져다 쓰지 말고, 자신의 목적과 메시지에 맞게 변형해서 활용하라. 자료를 자신만의 언어와 스타일로 표현해야 한다.

④ 정보의 통일성과 일관성 : 여러 자료를 활용할 때 정보의 통일성과 일관성을 유지하라. 모순되는 자료를 사용하지 않게 주의하라.

⑤ 필요한 자료만 선별 : 자료를 수집할 때 필요한 부분만 선별

하여 활용하라. 불필요한 정보를 제거하고 중요한 내용에 집중하라. 자료를 활용할 때 이점을 염두에 두면 책을 쓰는 과정에서 더욱 효율적으로 자료를 활용할 수 있다.

이제 책 쓰기 2주 차를 마쳤다. 자료조사가 어렵다고 생각할 수 있지만, 체계적으로 접근하면 누구나 할 수 있다. 이제 당신도 자료조사의 기본을 이해했으니, 실제로 적용해 보며 더 깊이 있는 시장 분석을 해보라. 성공적인 책 쓰기를 위한 첫걸음은 철저한 자료조사에서 시작된다. 자신을 믿고 노력한다면 어떤 어려움도 극복할 수 있다. 자신에 대한 믿음을 잃지 마라.

|책 쓰기 TIP| 책 쓰기에 집중할 수 있는 방법 → 나만의 책 쓰기 공간을 만들어라.

책 쓰기를 할 때 집중이 잘 안되면 나에게 맞는 작업 공간을 찾아야 한다. 모두에게 딱 맞는 하나의 공간은 존재하지 않는다. 조용한 방을 선호하는 작가들도 있고, 시끄러운 커피숍을 선호하는 사람도 있다.

하지만 거의 대부분 작가들은 최대한 방해받지 않고 필요한 책들을 쉽게 구할 수 있는 공간을 선호한다. 카페나 도서관에서 책을 쓰는 것도 좋다. 하지만 글을 쓰기 위한 사용할 수 있는 하나의 공간을 마련해 보자. 그곳에 도착하면 책을 써야만 한다는 생각이 들도록 만들어라. 책 쓰기도 결국은 습관이다.

Q : 쓸 게 없으면 어떻게 해야 하나요?

A : 적자생존이라는 흥미로운 표현이 있습니다. 적는 사람이 생존한다는 말입니다. 책을 쓰기 위해서는 메모를 잘 하세요. 메모가 모여 쓸 거리가 됩니다.

┌─────────────────────┐
Executive Summary
메모를 잘 해야 하는 이유
① 자료 수집
② 구조 설계
③ 책 쓰기 습관
└─────────────────────┘

소설을 쓰는 작가가 아닌 이상 우리는 자신 생각이나 영감이 그다지 중요치 않다. 콘텐츠는 영감보다 중요하다. 괜찮은 콘텐츠와 사례만 있다면 책 쓰기는 어렵지 않다. 꿀이 많은 꽃에 벌이 모이듯 좋은 콘텐츠에 사람이 모인다. 좋은 콘텐츠로 책을 만들면 그 책은 더 많은 사람들에게 사랑받을 확률이 높다. 우리는 학창 시절에 빽빽한 수업 시간을 보냈다. 그러나 많은 시간 공부했음에도 시간이 지나면 그것들은 기억 속에서 희미해진다. 조선시대 후기 훌륭한 학자인 다산 정약용은 이런 말을 했다.

"쉬지 말고 기록하라. 기억은 흐려지고 생각은 사라진다. 머리를 믿지 말고 손을 믿어라."

그가 남긴 다양한 저서들은 이런 그의 메모 습관에서 만들어졌다. 메모를 잘 하는 것은 책 쓰기에 매우 중요하다. 초보 작가들이 가장 많이 하는 말은 다들 비슷비슷하다.

"쓸 거리가 없어서 걱정이에요. 그렇다고 내 생각만 쓰기도 좀 그렇고."

"다른 작가들 책 보면 재미있고 다양한 콘텐츠들이 많은데 저는 그게 없어요."

초보 작가와 기성 작가 차이점은 무엇일까? 초보 작가는 자신 생각에 따라 원고를 쓴다. 그에 반해 기성 작가는 자신 생각에 따르기 보다는 자신이 갖고 있는 콘텐츠를 활용해 쓴다. 초보 작가들의 가장 큰 고민거리는 콘텐츠가 없다는 것이다. 자신 생각 위주로 책을 쓰니 콘텐츠가 많이 부족하고 재미가 없다.

책 쓰기를 위해서 메모를 잘해야 하는 이유는 다양하다. 메모는 작가에게 매우 중요한 도구다. 여기 몇 가지 이유를 살펴보자.

① 자료 수집 : 책을 쓰기 위해서는 연구와 자료 수집이 필요하다. 메모를 이용해 관련 정보, 인용구, 사례 등을 정리하고 책에 적용할 수 있다. 맛있는 음식점은 좋은 재료를 써서 음식이 맛있다. 좋은 책을 쓰기 위해서는 좋은 재료들이 필요하다. 책 쓰기에서 메모는 좋은 재료다.

② 구조 설계 : 메모는 책 구조 설계하는 데 도움이 된다. 작가는

메모로 책의 흐름, 전개, 클라이맥스를 계획할 수 있다. 메모는 생각을 배출하는 도구다. 메모는 쓸 때마다 모아놓고 시간이 지난 뒤 보면 내 생각을 분석할 때 큰 힘을 발휘한다. 나는 아직도 책을 쓰기 전에 반드시 메모를 해서 어떤 내용으로 쓸지 밑그림을 그린다. 새로운 책을 쓸 때 명료하고 설득력 있게 쓰기 어렵기 때문이다. 이 과정은 생각을 구성하고 표현하는데 매우 중요한 과정이다. 이렇게 메모해 생각을 구체화하다 보면 초기 내용과는 상당한 차이가 나는 결과물이 나온다.

③ 책 쓰기 습관 : 메모는 책 쓰기 과정에서 필요한 단계를 기록하는 데 도움이 된다. 초안 작성, 수정, 편집 등을 메모로 정리하면 책을 완성하는 데 도움이 된다. 윌리엄 진서는《글쓰기 생각쓰기》에서 매일 책 쓰기 중요성을 이렇게 말했다.

"글은 써야 는다. 그거야 당연한데, 이 말이 당연한 것은 그것이 사실이기 때문이다. 글쓰기를 배우는 유일한 방법은 강제로 일정한 양을 정기적으로 쓰는 것이다."

책을 완성하기 하기 위한 유일한 비결은 다름 아닌 '쓰는 것'이다. 쓰는 습관은 매일 일정한 양을 정기적으로 써야 하는데 처음 책을 쓰는 사람들은 이게 쉽지 않다. 메모는 쓰는 습관을 기르는 데 좋은 도구다. 메모는 이러한 이유로 매우 중요하다. 책을 쓰는 작가는 메모를 해서 아이디어를 정리하고, 자료를 수집해, 글을 완성한다. 메모를 잘 활용하면 더 효율적으로 책을 쓸 수 있다.

메모를 잘 하려면 다양한 기술과 습관으로 효율적으로 정보를 기록하고 활용해야 한다. 각자 자신의 방법으로 메모를 하면 되지만 아래 방법을 참조하면 도움이 된다.

① 간결하고 구체적으로 쓰기 : 불필요한 단어나 문장을 생략하고, 핵심 내용만 적어라. 주제별로 메모를 분류하고, 제목을 붙이면 찾기 쉽고 내용을 파악하기도 쉽다. 구체적인 단어와 숫자를 사용하고, 모호한 표현은 피해라.

② 적절한 도구와 방식 선택 : 메모를 쓰는 목적과 내용에 따라 종이와 펜, 스마트폰, 노트북 등을 선택하라. 환경과 시간에 맞게 도구와 방식을 선택하라.

③ 재미있고 흥미로운 방법으로 쓰기 : 색깔, 그림, 스티커, 이모티콘 등을 활용해 메모를 눈에 띄고 흥미롭게 만들어라. 비유, 유머, 농담을 활용해 메모를 재미있게 써라.

④ 자주 읽고 복습하고 수정하기 : 메모를 쓴 후에는 오류나 누락된 부분이 없는지 확인하라. 메모를 자주 읽고 복습하고 수정하면 완성도를 높일 수 있다.

⑤ 메모의 목적과 상황에 맞게 적용 : 할 일을 기억하려면 스마트폰이나 노트북을 사용하고, 창의적인 아이디어를 발전시키기 위해 종이와 펜을 사용하라.

16일차 자료 수집 2

Q : 자료 수집은 어떻게 하나요?
A : 자료 수집은 인터넷 검색, 도서관에서 검색, 전문가와 인터뷰를 통해 하세요.

Executive Summary
자료 수집 방법
① 인터넷 검색 (Google Scholar 추천)
② 도서관에서 검색 (국립중앙도서관, 국회도서관 추천)
③ 전문가와 인터뷰

자료 수집은 주제와 관련된 단어를 검색하면서 해당하는 자료를 모을 수 있다. 스스로 질문을 던져 가며 검색하라. 주제를 떠올리면서 질문을 해보고 그 질문에 답이 될 자료들을 선정한다.

자료를 수집하는 방법은 세 가지가 있다.

① 인터넷 검색 : 검색어를 정확하게 입력하고, 신뢰할 사이트에서 검색하라. 주제와 관련된 키워드를 잘 파악하고, 그것을 조합해서 검색어를 만들어야 한다. Google Scholar를 사용하면 학술 기사 및 논문을 검색할 수 있다.

② 도서관에서 검색 : 도서관에서는 책뿐만 아니라 학술지, 보고서 등 다양한 자료를 참고할 수 있다. 도서관 시스템을 활용해 원하는 주제와 관련된 자료를 찾을 수 있다.

③ 전문가와 인터뷰 : 전문가에게 연락해서 인터뷰를 요청하거나, 전문가가 작성한 글을 참고할 수 있다. 연구 분야와 자신이 조사하고자 하는 주제가 일치하는지 확인하는 작업이 중요하다.

자료 수집은 책, 사전, 신문, 방송, 인터넷 등 여러 경로를 활용해 다양하게 할 수 있다. 필요하다면 전문가와 면담해 구체적이고 깊이 있는 정보를 얻을 수 있다. 전문 기관을 방문해 해당 분야 폭넓은 지식을 얻을 수도 있다. 또한 경우에 따라 관찰이나 실험과 같이 직접 조사하는 방법으로 자료를 수집할 수도 있다.

요즘은 인터넷이 일상이 되어서 필요한 정보를 학교 도서관 홈페이지, 한국교육학술정보원(RSSI, 학술연구정보서비스), 국가과학기술전자도서관(NDSL), 국립중앙도서관, 국회도서관 등에서 찾아볼 수 있다. 특히 국립중앙도서관과 국회도서관은 자료 수집에 많은 도움이 된다. 국립중앙도서관은 우리나라에서 가장 많은 자료를 보유하고 있다. 국가 중앙도서관으로서 다양한 주제와 분야 자료를 제공한다. 이 도서관은 국내외 다양한 출판물과 학술 자료, 잡지, 학위논문, 멀티미디어 자료 등을 소장하고 있다. 연구자, 학생, 일반 독자들 등 모든 사람이 이용할 수 있다. 또한 국회도서관도 국회에서 운영하는 도서관으로 다양한 정책 자료와 법률정보, 국가전략정보포털 등 다양한 주제의 자료를 제공하고 있다. 국회도서관은 국회의원과 시민들이 정책 연구와 학습을 위해 활용할 중요한 도서관이다. 자료는 다방면에서 풍부하게 수집해야 한다. 공식적으로 발표한 출처가 분명한 자료를 수집해야 한다. 또한 책을 쓰는 목적에 적합한 자료로서 독자 수준과 배경지식에 맞게 선택해야 한다. 신뢰할 만한 전문가가 쓴 자료나 공신력 있는 신문이나 방송 자료를 수집하면 좋다. 정보가 과장되거나 왜곡된 자료가 아닌지, 지나치게 오래되어 효용성이 떨어지는 자료인지도 확인해야 한다.

[자료 수집할 때 참고하기 좋은 전자정보 포털 사이트]

① 국립중앙도서관 (https://www.nl.go.kr)

② 국회도서관 (https://www.nanet.go.kr)

③ 경동대학교 도서관 (https://lib.kduniv.ac.kr)

④ 한국교육학술정보원 (https://www.keris.or.kr)

⑤ 한국사회과학자료원 (https://kossda.snu.ac.k)

⑥ 국가과학기술전자도서관 (http://www.ndsl.or.kr)

⑦ 국가전자도서관 (https://www.dlibrary.go.kr)

⑧ 국립국어원 누리집 활용 (https://www.korean.go.kr)

⑨ 국내 학술논문 검색 RSSI, KISS, DBpia (https://www.riss.kr)

⑩ 국외 학술논문 검색 RSSI 내 '해외 학술논문' 혹은 '해외 전자자료 검색'

⑪ 기타 유용한 인터넷 사이트 (경제/법/환경/노동/보건복지/통일/국방/언론/관보)

가. 기획재정부 (https://www.moef.go.kr)

나. 국가통계포털 (https://kosis.kr)

다. 한국개발연구원 (https://www.kdi.re.kr)

라. 법제처 (https://www.moleg.go.kr)

마. 환경부 (https://me.go.kr)

바. 고용노동부 (https://www.moel.go.kr)

사. 보건복지부 (https://www.mohw.go.kr)

아. 한국여성정책연구원 (https://www.kwdi.re.kr)

자. 세계보건기구 (https://www.who.int)

차. 통일연구원 (https://www.kinu.or.kr)

카. 한국국방연구원 (https://kida.recruitment.kr)

타. 한국언론진흥재단 (https://www.kpf.or.kr)

파. 대한민국 전자관보 (https://gwanbo.go.kr)

우리가 사는 정보화 사회는 매일 많은 정보들이 생성되고 소멸된다. 이런 환경에서 필요한 능력은, 무엇이 자신에게 필요하고 의미 있는 정보인지를 구별하고 그 정보를 재구성하는 능력이다. 문제 해결 능력은 이런 정보를 수집하고 분석해 활용하는 능력을 의미한다. 다시 말해, 수집된 자료를 잘 정리해서 효율적으로 활용해야 한다. 자료가 수집되었으면 효과적으로 활용할 자료로 정리해놓아야 한다. 시간 날 때 한꺼번에 정리를 하려고 하지 말고 그때그때 자료를 정리해라.

Q : 챗GPT도 사용해 볼 만한 가치가 있나요?
A : 네. 챗GPT를 활용하면 책 쓰기에 필요한 주제, 콘셉트, 원하는 자료 등을 쉽게 찾을 수 있습니다. 보조도구로 활용하면 시간을 절약할 수 있습니다.

Executive Summary

챗GPT 활용하여 책 쓰기
책 쓰기에 필요한 주제, 콘셉트, 자료 등을 찾는 데 도움이 된다. 그러나 사실 여부 저작권 확인을 위해서 크로스 체크는 필수다.

책을 쓰려면 우선 아이디어를 얻어야 한다. 무엇을 주제로 쓸 것인지, 어떤 콘셉트의 책을 쓸 것인지, 어떤 방식으로 구성할 것인지 등을 고민해야 한다. 하지만 챗GPT를 활용하면 아이디어를 빠르게 얻을 수 있다.

챗GPT[4]에게 질문을 할 때는 아무 맥락 없이 질문하지 말고 구체적 상황과 역할 등을 제시해 주면 좀 더 좋은 답변이 나온다. 챗GPT를 활용하기 제일 좋은 부분은 자료 수집이다. 책을 쓰다 보

---

4) 챗GPT(Chat GPT): 오픈AI에서 개발한 GTP-3.5와 GTP-4를 기반으로 하는 대화형 인공지능 서비스

면 내가 미처 생각하지 못한 아이디어를 챗GPT가 빠르게 찾아준다. 예를 들어 챗GPT를 활용해 '제주도 여행에서 꼭 해야 할 일'이라는 것을 질문해보자.

[예시]

• 질문 : 제주도 여행에서 꼭 해야 할 일을 가르쳐 주세요.

• 챗GPT : 제주도를 여행하면 꼭 해봐야 할 활동들이 많아요! 여기 몇 가지 추천해 드릴게요.

① 카멜리아 힐에서 사진 찍기 : 제주에서 가장 아름다운 꽃의 나라인 카멜리아 힐에서 인스타용 사진을 찍어보세요. 푸른 하늘과 투명한 바다를 배경으로 멋진 순간을 담을 수 있어요.

② 성산 일출봉에서 말 타기 체험 : 성산 일출봉에서 말 타기를 즐겨보세요. 푸른 바다를 바라보며 신나는 경험을 할 수 있어요.

③ 유민 미술관 : 아르누보 유리공예와 동백 500여 종, 제주 자생 식물 250여 종을 만날 수 있는 미술관입니다.

④ 협재 해안 길 : 협재 해안 길을 따라 산책하며 아름다운 제주의 자연을 느껴보세요.

⑤ 도두봉 : 도두봉에서 멋진 일출을 관람하고 제주의 아름다움을 느껴보세요. 제주도에서 특별한 경험을 즐겨보세요!

이런 식으로 내가 잘 몰랐던 카멜리아 힐이나 도두봉 같은 곳에 대한 정보를 추가로 얻을 수 있다. 챗GPT를 활용해 책을 쓰면 내가 생각하지 못한 것을 찾아준다. 알고는 있었지만 갑자기 생각이 안 나는 것들을 챗GPT가 알려준다. 결국 챗GPT는 책 쓰기 작업을 도와주는 도구로 활용할 때 가장 유용하다. 특히 자료조사를 할 때 많은 도움이 된다.

처음부터 책을 내가 써도 되지만 챗GPT의 도움을 받으면 더 효율적으로 책을 쓸 수 있다. 챗GPT를 활용해 아이디어 도출 시 고려해야 될 사항이 있다. 소설이나 동화책처럼 창의력이 필요한 책을 쓸 때에는 팩트체크를 하지 않아도 되지만, 기술서나 역사책처럼 사실이 중요한 책을 쓸 때는 팩트체크가 반드시 필요하다. 이런 책을 쓸 때에는 자신이 명확하게 팩트체크할 수 있는 전문 영역에 한해서만 챗GPT를 활용하라. 많은 사람들의 선택을 받으려면 전문성이 높아야 한다. 이 작업은 시간과 노력이 많이 필요하다. 또한 확인한 정보가 거짓이 아닌지도 파악하기 위해 자료를 비교해 가며 크로스 체크를 해야 한다.

챗GPT는 책 쓰기의 훌륭한 보조도구이다. 활용하면 짧은 시간에 답변을 해주기 때문에 편리하다. 실제로 챗GPT를 활용해 보면 대부분 긍정적이고 신기해한다. 그러나 자료가 쓰레기 같다, 허무맹랑하다는 반응을 보이는 사람도 있다. 챗GPT에서 출력해 준 내용을 그대로 가져다 쓴다면 책의 내용이나 완성도가 떨어진다. 챗GPT는 거대 언어 모델을 기반으로 만들어진 프로그램이다. 단어를 벡터 값에 따라 배치하고 문장 다음에 나올 가능성이 가장 높은 단어를 배치하는 것이기 때문에 가끔 무슨 내용인지 알 수 없는 말을 내보내는 경우도 있다. 사실 여부도 확실하지 않고 저작권이 해결되었는지 여부도 알기 어려운 자료들을 사용하는 경우도 있어 주의해야 한다. 이 점은 챗GPT로 책 쓰기의 명확한 한계이자 앞으로 풀어야 할 숙제이기도 하다. 이 문제가 앞으로 해결될지는 의문이다. 발전을 거듭한다고 하더라도 결국은 그 책은 자료만 수집한 것이지 내가 쓴 책이 아니기 때문이다.

이런 한계를 극복하는 방법은 결국 내가 직접 쓰는 것이다. 챗GPT가 제시해 주는 건 참고로 하고 내 생각과 의견이 들어가야 한다. 챗GPT를 활용해 책을 쓸 때도 내가 명확한 주제와 기준을 가지고 있어야 좋은 책이 나온다. 그래야만 그 책은 온전히 나의 책이 되는 것이다.

| 책 쓰기 TIP | 글을 잘 쓰려면 책을 읽어야 한다.

글을 잘 쓰려면 책을 읽어야 한다. 책을 읽지 않고 글을 잘 쓸 수 없다. 이건 진리다. 책 쓰기의 기초와 뿌리가 독서에 있다. 그리고 책은 꼭 사서 읽어라. 책은 깨끗이 볼수록 머리에 남는 게 없다. 책 여백에 메모도 하고 줄도 긋고 접어놓아야 내 책이 될 수 있다.

18일차 자료 정리

Q : 자료는 어떻게 정리를 하는 게 좋은가요?

A : 우선 메모하고, 다시 살펴보고, 분류해서 아카이브 하세요.

Executive Summary

아카이브 하는 방법

① 메모하기(Take note): 메모장 활용(에버노트, 스마트폰 메모장 등)

② 다시 살펴보기
(Revisit & Revise)

③ 분류 및 아카이브
(Categorize & File): 클라우드 서비스 활용(네이버 마이박스 등)

성공한 사람들 공통 습관 중 빠지지 않고 나오는 하나가 메모다. 성공하는 사람과 그렇지 못한 사람의 차이는 메모를 '하느냐', '안 하느냐'에 있다. 그렇기 때문에 성공한 사람들은 항상 펜과 수첩을 갖다 다닌다. 언제 어디서든 중요하다고 생각되면 메모를 한다.

그렇다면 메모를 해야 하는 이유는 무엇일까? 길을 걷다가 또는 아무 생각 없이 앉아 있다가 갑자기 문득 좋은 아이디어가 떠올랐던 경험은 누구나 한 번쯤 있다. 하지만 대부분 사람들은 문뜩 떠올랐던 아이디어를 그냥 자신의 뇌에 저장을 시켜놓고 시간이 지나면 좋은 아이디어가 떠올랐던 순간 자체마저도 까먹고 그 아이디어는 무용지물이 된다. 사람의 기억에서 시각이 차지하는 비중

은 75%고, 청각은 25%다. 이 수치만 봐도 메모가 얼마나 중요한
지 알 수 있다.

　다산 정약용은 자료를 수집, 분류하여 새로운 행태로 만들어내
는 지식 편집의 귀재였다. 그가 7~8개 저술 작업을 병행할 수 있었
던 이유도 평소 세밀한 자료 관리 덕분이었다. 수원화성을 축조한
후 정조는 수원, 광주, 용인, 과천, 남양 등 8개 고을에 지속적으로
나무를 심게 명했다. 이후 7년간 각 고을에서 나무를 심을 때마다
보고서가 계속 올라왔다. 나중에는 그 문서가 수레에 가득 차고도
남을 지경에 이르러 심은 나무의 전체 수량조차 파악할 수 없었다.
이에 정조는 다산에게 그 자료를 정리하게 명했다. 다산은 가로로
12칸(7년을 12차로 배열)을 만들고 세로로 8칸(8개 고을)을 만들어, 칸
마다 나무 수를 적었다. 심은 나무는 총 1,200만9,772그루였다. 수
레에 가득 차고 넘치는 그 많은 서류가 단 한 장의 도표로 일목요
연하게 정리됐다.[5]

　책 쓰는데 꼭 필요한 것은 메모와 그것을 잘 편집하는 능력이다.
나는 지금까지 책을 쓰면서 스스로 관찰한 결과 메모는 아날로그
방식이 잘 맞고, 아카이빙은 디지털 방식이 더 잘 맞다. 글을 읽고,
메모를 할 때는 연필이나 형광펜으로 긋고 곱씹어 보는 게 맞지만,

---

5) 오병곤, 《내 인생의 첫 책 쓰기》, 포레스트북스, 2018년4월, 151쪽

손으로 쓴 노트는 나중에 잘 알아보기 힘들고, 눈에 쉽게 들어오지도 않는다. 그래서 디지털 플랫폼에 기록을 남겨두는 게 중요하다.

아카이브 하는 좋은 방법이 있어 소개한다.

《돌파력(The obstacle is the way)》, 《에고라는 적(Ego is enemy)》이라는 자기 계발 베스트셀러를 쓴 라이언 홀리데이라는 작가가 사용하는 방법이다. 이 방법으로 책에서 읽은 것 중 중요하다고 생각하는 내용을 기억할 수 있다. 이를 주제별로 기록 보관함으로써 향후 어떤 주제로 글을 쓰고자 할 때 참고할 수도 있다. 아카이브 하는 방법은 3단계이다.

① 메모하기(Take note)

책을 읽으면서, 기억하고 싶은 문구가 있는 페이지에 포스트잇을 붙이고, 해당 문구를 하이라이트 표시하고 내 생각을 쓴다.

② 다시 살펴보기(Revisit & Revise)

책을 다 읽은 후, 포스트잇으로 표시해 둔 문구로 돌아가 그 내용을 카드 노트에 옮겨 적는다.

③ 분류 및 아카이브(Categorize & File)

카드 노트를 자신의 분류함 내에 적절한 테마에 맞게 분류하여 보관한다.

이 중 ①, ② 단계에서 활용 가능한 디지털 방식은 '에버노트(Evernote)'를 사용하면 좋다. 컴퓨터와 모바일 기기로 언제 어디서나 무엇이든 기록하고 활용할 수 있게 만들어진 어플리케이션이다. 에버노트는 메모 앱이지만, 자료 관리를 하는데 상당한 도움이 된다. 예전에는 자료를 PC 폴더 안에 다 넣어두고 자료를 찾으려면 PC를 켜고 봐야 했지만, 지금은 스마트폰이나 PC로 자료를 접근할 수 있다.

③ 단계에서 활용 가능한 디지털 방식은 '네이버 마이 박스'를 사용하면 좋다. 이것도 마찬가지로 언제 어디서나 접근이 가능하다. 스마트폰, 태블릿, 모바일과 PC의 브라우저로 언제 어디서나 이용할 수 있다. 자동 백업 및 동기화되어 안전하게 자료를 보관할 수 있다. 자동으로 문서, 사진, 영상, 음악 등 어떤 파일이든 보관이 가능하다. 네이버 마이 박스를 사용하면 클라우드 서비스를 무료로 30G까지 사용할 수 있다.

나만의 아카이브를 만드는 가장 중요한 이유는 기억의 보존과 공유이다. 아카이브는 우리의 경험과 지식을 기록하고 나중에 찾아볼 수 있도록 보존하는 공간이다. 특히 아카이브는 책을 쓰는 작가에게는 중요한 자료를 제공한다. 나중에 책을 쓸 때 참고 자료를 일목요연하게 정리해 놓는 것이 중요하다. 어떤 방식이 되었든 자신에게 맞는 아카이브를 찾아 자료를 잘 정리해 놓으면 책 쓰기에 정말 많은 도움이 된다.

|책 쓰기 TIP| 인용할 만한 부분은 미리 모아두자.

작가는 책을 쓰기 전에 관련 도서를 읽는 경우가 많다. 책을 읽을 때에는 인용할 만하다고 생각되는 부분을 미리 발췌하고 쪽수를 기록하여 모아 두는 것이 좋다. 이 작업을 수시로 해 두면, 책을 본격적으로 작성하는 단계에서 인용할 부분을 다시 찾기 위해 책 속을 이리저리 헤매지 않아도 된다.

[자료 정리의 예]

내용	제목	저자	출판사	출판연도	쪽수
자료 정리 방법	정리의 달인	○○○	○○○	○○○	○○○
	액셀 그래프 및 자료정리	○○○	○○○	○○○	○○○
	A4파일 레포트 서류 자료정리	○○○	○○○	○○○	○○○
	정리의 스킬	○○○	○○○	○○○	○○○
	규칙찾기, 자료의 정리	○○○	○○○	○○○	○○○
	그림으로 정리한 알고리즘과 자료	○○○	○○○	○○○	○○○
3장 그래프	독서인구 증가그래프	○○○	○○○	○○○	○○○
	게임중독 청소년 증가 그래프	○○○	○○○	○○○	○○○
인터뷰	자료정리 ○○○ 저자 인터뷰 변환	○○○	○○○	○○○	○○○
	○○대학교 ○○○과 자료 수집	○○○	○○○	○○○	○○○
	○○○○○○ 인터뷰	○○○	○○○	○○○	○○○

일관성 있는 글쓰기

Q : 어떻게 해야 독자를 설득할 수 있을까요?

A : 자신만의 관점으로 흥미로운 논리를 제시하고 일관성 있는 글을 쓰세요.

마인드맵, 만다라트 기법을 활용해 생각을 정리하면 훨씬 더 많은 아이디어와 정보를 얻을 수 있고 일관성 있는 글쓰기가 가능해져 독자를 설득할 수 있다. 마인드맵은 창의적인 아이디어를 시각적으로 정리

> **Executive Summary**
>
> 마인드맵, 만다라트 기법을 활용해서 생각을 정리함으로써 훨씬 더 많은 아이디어와 정보를 얻고 일관성 있는 글쓰기가 가능해진다.

하고 구조화하는 데 도움이 되는 훌륭한 도구다. 마인드맵을 활용하면 다양한 주제를 연결하고 중요한 개념을 시각적으로 표현할 수 있다.

마인드맵은 대표적으로 세 가지 이점이 있다.

① 효과적인 암기 : 마인드맵은 색상, 모양, 이미지를 사용해 복잡한 정보를 맥락에 맞게 시각적으로 정리해 준다. 두뇌에 시각 연

관성을 제공함으로써 새로운 정보를 저장하고 오랫동안 기억하는 데 도움이 된다.

② 창의적인 사고 : 틀에서 벗어난 사고하는 데 좋다. 빈 페이지에 주제에서 여러 가지로 뻗어 나가는 생각을 펼쳐 놓으면 다른 각도에서 볼 수 있어 새로운 아이디어를 떠올릴 수 있다.

③ 문제 해결 : 문제를 중심으로 주요 주제를 요약한 다음 세부 주제로 확장하면서 문제를 분석하고 각 구성 요소에 대응하는 해결책을 찾을 수 있다.

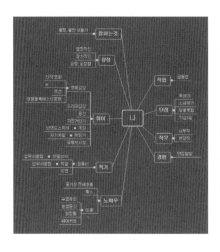

비즈니스, 학계 등 전문 분야에서 마인드맵을 많이 활용한다. 책 쓰기에도 마인드맵은 상당히 유용하다. 책 쓰기에서는 마인드맵을 아래와 같이 활용하면 좋다. 책 내용을 요약하고 책을 쓰면서 떠올렸던 생각을 구조화하여 정리하는 데 활용하자.

마인드맵 중앙에 제목을 적고 단일 키워드나 목차를 적는다. 책을 쓰면서 기억하고 싶은 문장에 표시하거나 핵심 단어를 동그라미 친다. 단일 키워드나 목차에 하위 챕터를 적고 짧은 문장으로 요약해 적는다.

주제를 잘 안다고 해도 책 쓰기는 항상 어렵다. 독자에게 자신의 관점을 설득하고 흥미로운 논리를 제시해야 하기 때문이다. 일관성 있는 책 개요를 짜려면 먼저 마인드맵으로 브레인스토밍을 해라. 중앙에 주제를 적고 이와 관련하여 생각나는 모든 아이디어를 다 적는다. 브레인스토밍을 마친 후 색상을 달리해 관련된 아이디어를 묶어보며 최종 정리한다. 그다음 개요를 위한 마인드맵을 그린다. 주제를 적고 명제, 본론, 결론 키워드를 적은 후 세부 사항을 적어라. 생각의 주제 또는 출발점을 '주가지'라고 하는데, 주가지에서 연관된 콘텐츠를 나열한 다음 분류하면 생각을 그룹화 할 수 있다. 책 쓰기에 적용하면 책 주제에서 뻗어나가면 된다.

만다라트 기법은 일본의 '이마이즈미 히로아키'가 구상한 기법으로, Manda(본질의 깨달음) + la(달성 및 성취) + art(기술)의 합성어로 본질을 깨닫는 기술, 목적을 달성하는 기술을 뜻한다. 9칸×9칸 정사각형 모양으로 정중앙에 핵심 목표를 적고 주변 8칸에 핵심 목표 밑에 세부 목표를 작성한다. 그다음에 각 목표를 9칸의 중앙에 위치하고 세부 실행계획을 작성하면 된다. 메이저리그에 오타니 쇼헤이 선수 경우 한 경기에 투수와 타자를 동시에 출전하는 선수로 메이저리그에서도 최고의 성공을 거두고 있다. 오타니 쇼헤

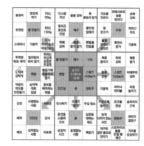

이 선수가 작성한 만다라트가 유명해지면서 만다라트 계획표가 인기를 얻고 있다. 오타니 쇼헤이 선수는 자신이 야구 선수로 성공하려고 목표를 만다라트를 이용해 실제 목표를 세워 실천했다고 한다. 만다라트 기법은 꼭 계획 작성뿐만 아니라 다양한 방법으로 활용된다. 책 쓰기에 만다라트 기법을 활용하면 책 주제를 중앙에 쓰고 주제를 포함한 8개 키워드를 써서 내용을 확장해 나가면 된다. 8개 키워드가 상위 목차가 되고 64개의 키워드들이 하위 목차가 된다.

 |책 쓰기 TIP| 이야기 쉽게 만드는 법 → 큰 주제에서 시작하기

주제는 좋은 책을 쓰기 위한 중요한 요소다. 큰 주제부터 시작하고, 나중에 자세한 부분을 더해주면 된다. 흥미로운 테마, 아이디어 브레인스토밍을 하고 생각한 점을 적어본 후 어떤 아이디어에 끌리는지 파악하라.

20일차 글감 찾기

Q : 소재는 어떻게 발견하나요?
A : 다섯 가지 방법으로 찾으세요.

책의 소재는 결국 자신 삶 속에서 충분히 찾을 수 있다.

① 경험과 관찰 : 주변 환경, 일상생활, 사람들과 소통에서 아이디어를 얻는다. 자신의 경험과 관찰을 소재로 활용할 수 있다.

Executive Summary

소재를 찾는 방법
① 경험과 관찰
② 독서와 연구
③ 상상력과 상징성
④ 뉴스와 사회 이슈
⑤ 꿈과 무의식

② 독서와 연구 : 다양한 주제 책을 읽고 연구하는 활동은 소재를 발견하는 중요한 방법이다. 역사, 과학, 예술, 철학 등 다양한 분야 책을 참고하라.

③ 상상력과 상징성 : 상상력을 발휘하여 추상적인 아이디어를 소재로 만들 수 있다. 상징적인 요소를 활용하여 의미를 내포한 소재를 찾을 수도 있다.

④ 뉴스와 사회 이슈 : 현재 사회 이슈, 뉴스, 사건들은 작가에게 소재를 제공할 수 있다. 사회 문제, 인간관계, 역사 사건 등을 탐구하라.

⑤ 꿈과 무의식 : 꿈이나 무의식적인 상태에서 영감을 받는 작가도 많다. 꿈속 이미지나 감정을 소재로 활용할 수 있다.

주제가 정해지면 그 주제를 뒷받침하는 자신의 이야기, 지식을 넣어야 한다. 주제를 뒷받침하는 이야기를 소재라고 한다. 이 밖에도 당신 삶은 다양해서 책에 쓸 만한 소재는 무궁무진하다. 어느 누구도 같은 삶을 산 사람은 없기 때문에 자신만의 소재가 존재한다. 단지 자신이 발견하지 못하고 있을 뿐이다. 작가마다 자신만의 독특한 방식으로 소재를 찾으며, 창작 과정에서 다양한 아이디어를 발굴한다. 소재를 발견하는 방법은 작가마다 다양하며, 창작 프로세스에 따라 다를 수 있다. 책 쓰기 수업을 하다보면 다음과 같은 이야기를 많이 듣는다.

"책을 쓰고 싶은데, 쓸 만한 내용이 없어요."

"제가 살아온 인생은 별로 그렇게 특별한 게 없어요."

"전문성도 없고 평범하게 살아왔는 데 책을 쓸 수 있을까요?"

많은 사람들이 자신의 경험과 지식의 가치를 모르는 경우가 많았다. 작가는 새로움을 창조하는 사람이다. 자신의 평범한 일상에서 특별한 가치를 찾아낼 수 있어야 한다. 자신만의 책 쓰기 소재를 발견하는 방법은 자신의 이야기, 자신의 지식과 경험을 쭉 나열해 보면 된다.

예를 들어, 운동, 취업 준비, 다이어트, 아침형 인간 도전, 독서, 요리, 육아, 성공적인 직장 생활, 블로그 운영, 인스타그램 운영, 인터넷 홈쇼핑, 유튜브 운영, 학원 운영, 해외여행, 주식투자, 해외 주식투자, 선물 투자, 부동산 투자, 정리 정돈, 자신만의 메모 방법, 비트코인 투자, 식이요법 등 이렇게 자신의 경험과 지식을 소재로 쓰면 된다. 당신이 가진 경험과 그것을 통한 자신만의 노하우를 쓰게 되면 사람들에게 도움 되는 지식으로 변한다. 그렇게 만들어진 지식이 당신이 쓸 책의 소재다.

다른 사람들이 비슷한 소재로 책을 썼다고 해도 크게 실망할 필요는 없다. 자신만의 경험은 누구와도 같지 않기 때문이다. 그것을 차별화하면 된다. 이 세상에 완전히 새로운 것은 없다. 이미 내가 쓰려고 하는 주제의 책이 있다면 새로운 차별성과 콘셉트를 더해 자신만의 특별한 책을 만들어라.

|책 쓰기 TIP | 남의 이야기는 상처받지 않게 주의하자.

책이 나온 후 당사자가 봤을 때 상처가 되는 글은 아닌지 반드시 점검해 볼 필요가 있다. 독자 입장에서는 충분히 공감하거나 공분해 줄 내용이지만 출간 후에 생길 파장을 신경 써야 한다. 난이도를 조절하거나 요약을 하는 형태로 써라. 남의 이야기는 실제 당사자가 상처받지 않게 신경 써야 한다.

글의 구성상 꼭 사례로 넣고 싶을 때에는 이니셜로 표기하는 방법, 전달하고자 하는 메시지를 중심으로 주변 상황이나 시기를 살짝 비틀어 전달하는 방법도 고려해 보면 좋다. 글을 쓰면서 회사 동료, 친구, 형제자매, 옛 애인 등 책에 등장하는 인물 중에 상처를 주게 될 수 있는 내용은 없는지 반드시 점검해 봐라.

21일차 콘텐츠 발굴

Q : 문장력과 콘텐츠 중 무엇이 더 중요한가요?

A : 콘텐츠가 더 중요합니다.

Executive Summary

문장력과 콘텐츠 중 어느 것이 더 중요한가?
콘텐츠가 더 중요하다! 문장력은 편집자의 역량으로 어느 정도 교정이 가능하지만, 콘텐츠는 작가 본인만의 차별화된 것이 아니라면 억지로 고치는 게 불가능하다. 나만 쓸 수 있는 이야기, 나만 할 수 있는 이야기를 찾아야 한다. 자신만의 콘텐츠가 책 쓰기에서 가장 큰 경쟁력이다.

한 쪽이 더 중요하다고 해서 다른 쪽을 등한시해도 된다는 뜻은 아니다. 콘텐츠도 좋고, 문장도 잘 쓰는 작가면 더할 나위 없이 좋지만, 어느 쪽에 더 우선순위를 둘지가 문제다. 그렇기 때문에 콘텐츠와 문장력 중 어느 쪽에 더 우선순위를 둘지는 중요한 문제다. 그래도 선택하기 어렵다면 각각의 역할과 중요성을 살펴보자.

• 문장력

문장력은 글을 읽는 사람들에게 감정과 인상을 전달하는 능력이다. 잘 구성된 문장은 독자의 흥미를 유발하고 글을 더 읽기 쉽게 만든다. 문장력이 뛰어난 글은 기억에 남고 공감을 이끌어낸다.

• 콘텐츠

콘텐츠는 정보, 지식, 아이디어를 전달하는 매체다. 좋은 콘텐츠는 독자가 원하는 정보를 제공하고 유용한 가치를 전달한다. 콘텐츠는 브랜드 인지도, 고객 유치, 마케팅 전략에도 영향을 미친다. 좋은 콘텐츠는 독자들에게 통찰을 제공하고, 문제를 해결하며, 지식을 확장시킨다.

만약 당신이 투고한 원고를 검토하는 출판사 직원이라고 생각하면 어느 게 더 중요하다고 생각이 드는가? 내가 출판사 직원이라고 생각하면 콘텐츠가 우수한 원고를 선택할 것이다. 가끔 책 쓰는 것을 봐 달라는 분들이 있어 원고를 검토한다. 원고를 보면 많은 작가들이 오탈자나 아니면 문장 수정에 많은 공을 들이는 작가들이 있다. 오타나 문법상 오류가 있다면 수정하는 건 당연히 해야 할 일이다. 많은 작가들이 좋은 문장력이 좋은 책을 만든다고 오해하시는 분들이 있다.

소설을 제외한 비소설 책은 문장력이 아니라 콘텐츠가 모든 것을 결정한다. 그 콘텐츠가 독자들에게 흥미를 끄는 주제인지, 독자들에게 도움을 주는 콘텐츠로 가득한 지가 핵심이다. 최대한 많은 정보를 수집하고, 편집하고, 독자가 이해할 수 있게 쉽게 써야 한다. 문장력은 편집자 역량으로 어느 정도 교정이 가능하다. 하지만 콘텐츠는 작가 본인만의 차별화된 것이 아니라면 억지로 고치는 게 불가능하다.

책 쓰기에서 문장력은 기술이고, 콘텐츠는 재료다. 음식을 맛깔나게 담아내는 것이 문장력이라면 맛은 콘텐츠인 것이다. 아무리 보기 좋은 음식이라도 맛이 없으면 사람들은 먹지 않는다. 책 쓰기도 동일하다. 화려하고 멋진 문장도 중요하지만 결국 사람들이 책을 보고 오랫동안 기억에 남게 하는 것은 콘텐츠다. 책 쓰기 실력이 향상되려면 자신 경험과 생각을 되짚어보는 작업이 필요하다. 나만 쓸 수 있는 이야기, 나만 할 수 있는 이야기를 찾아야 한다. 그런 콘텐츠를 찾으면 책 쓰기는 생각보다 쉬워진다. 자신만의 콘텐츠가 책 쓰기에서 가장 큰 경쟁력이다.

나만의 콘텐츠를 찾았으면 그것으로 끝이 아니다. 출판사에 원고를 투고하면 담당 편집자가 어떤 부분은 도표, 그래프, 사진 등을 추가해 달라고 하는 경우가 많다. 이렇게 독자가 이해하기 쉽게 편집자가 정보를 가다듬고, 배치를 새롭게 해 좋은 책을 만든다. 그런 정보가 많아야 출판사 편집자가 더 좋은 콘텐츠로 만들 수 있다. 다행히 최근에는 인터넷, 유튜브, SNS 등 양질의 콘텐츠를 접하기 쉽다. 인터넷상에서 정보를 열심히 검색하다 보면 원하는 정보를 많이 발견할 수 있다. 책을 처음 쓰는 초보 작가들은 자신은 글을 잘 못쓴다고, 책에 넣을 정보를 찾기가 힘들다고 말하는 분들이 많다. 그것은 순전히 자신의 게으름을 알리는 꼴밖에 되지 않는다. 부지런히 정보를 검색하면 많은 양질의 정보가 있다. 그 중에 나에게 맞는 콘텐츠를 편집해 사용하면 된다.

한 단계 수준 높은 글을 쓰고 싶다면 원고에 독자들이 이해하기 쉽게 각종 요소를 추가하면 좋다. 예를 들면, 글 상자를 넣는다든지, 각주나 미주를 달거나 장마다 쉬어갈 수 있게 Q&A 칼럼을 넣어라. 이 정도까지 갖춰지면 원고는 높은 완성도를 지니게 된다. 초보 작가 경우 이런 요소들을 넣고, 편집하는 게 어렵다고 느껴질 것이다. 이런 편집은 사실 책을 많이 접해본 사람만 그 차이점을 느낄 수 있기 때문이다. 출판 계약이 된 상태라면 출판사 편집자에게 조언을 구하면 좋다. 아직 투고 전이라면 자신이 봐서 읽기 편한 책을 골라 그 책에서 사용하고 있는 요소들을 따라하자. '모방은 창조의 어머니'라고 하지 않았나. 요소들을 그대로 가져오고, 콘텐츠만 내 것으로 바꾸면 된다. 오직 당신만 쓸 수 있는 이야기, 오직 당신만 할 수 있는 이야기, 그걸 고민하고 찾아서 책을 쓰면 된다. 당신만의 이야기를 찾아라.

|책 쓰기 TIP| 슬럼프 극복 방법

책을 쓰다 보면 누구나 한 번은 슬럼프에 빠지게 된다. 책 쓰기가 절대 만만한 작업은 아니다. 처음엔 의욕이 앞서 열심히 하지만 점점 육체적으로 정신적으로 지치게 된다. 책 쓰기가 생업이 아니므로 후순위로 뒤로 밀려나게 된다.

책 쓰기 진도가 잘나가지 않으면 무조건 산책을 하라. 산책을 하면서 잠시 휴식을 취하라. 산책을 하면 머리가 맑아지고 마음이 차분해진다. 답답한 마음도 자연스레 풀어진다. 조급함을 버리고 매일매일 조금씩이라도 쓰면 결국 책을 쓸 수 있다.

22일차 콘텐츠 수립

Q : 나에게 딱 맞는 콘텐츠는 어떻게 찾죠?
**A : SWOT 분석, 경험과 관찰, 일을 통한 발견, 관심사와 취미
에서 나만의 강점 콘텐츠를 찾으세요.**

Executive Summary
나만의 강점 콘텐츠 찾는
방법
① SWOT 분석
② 경험과 관찰
③ 일을 통한 발견
④ 관심사와 취미

나만의 강점을 발견하고 콘텐츠로 활용하는 것은 중요한 과정이다. 그러나 우리는 종종 주변의 소리와 기대에 휩쓸려 자신의 강점을 놓치기 쉽다. 자신을 깊이 이해하기는 책 쓰기에서 훌륭한 시작이다.

어떤 상황에서 능력을 발휘하는지, 어떤 일에 기쁨과 만족을 느끼는지 고민해 보라. 자신의 가치관과 열정이 어떤 분야에 더 부합하는지 찾아보라. 나만의 강점 콘텐츠를 찾는 네 가지 방법이 있다. 자신의 강점을 찾아서 풍부하고 창의적인 자신만의 콘텐츠 찾아라.

① SWOT 분석
자신의 강점을 파악하려면 자기분석이 필요하다. 자신이 뛰어

난 부분, 흥미를 느끼는 분야, 재능이 있는 부분 등을 찾아라. 자기 SWOT 분석[6]으로 자신의 강점과 약점을 파악할 수 있다. 강점(Strengths), 약점(Weaknesses), 기회(Opportunities), 위협(Threats)을 분석하라. 자신의 강점을 발견하고 콘텐츠로 활용할 수 있다. 자신의 강점을 책 쓰기 콘텐츠로 활용하면 더 잘 쓸 수 있다. 자신이 흥미가 있고 재능 있는 분야의 책 쓰기를 집중하면 좋은 책이 나올 확률이 높아진다. 자신의 강점을 찾아 책 쓰기 콘텐츠로 선택하기가 책 쓰기 성공을 위한 중요한 첫걸음이다.

② 경험과 관찰

자신의 강점을 찾는 방법은 다양하다. 자신의 일상 경험과 관찰로 강점을 찾아라. 어떤 일을 잘하고 즐기는지 기록해라. 가장 간단하고 쉬운 방법은 주변 사람에게 물어보면 된다. 나는 어떤 사람인가, 뭘 잘 하는가 등을 물어보면 쉽게 찾을 수 있다. 잘 하는 것의 공통된 의견이 있다면 그것이 내 강점이다. 예를 들어 '다른 사람 말을 잘 들어줘', '경청을 잘해', '네가 이해하는 능력이 좋잖아.' 등의 의견을 들었다면 '공감 능력'이라는 강점이 있다고 생각할 수

6) SWOT 분석: SWOT 분석은 비즈니스나 프로젝트의 강점(Strength), 약점(Weakness), 기회(Opportunity), 위협 (Threat)을 식별하는 기법. 이 기법은 조직이 전략 계획을 수립하고 시장 트렌드에 앞서는 데 도움이 됨. 간단하면서도 효과적인 도구로 시장 트렌드를 앞서가면서 팀과 비즈니스를 개선하는 데 활용할 수 있음.

있다.

③ 일을 통한 발견

일을 하면서 자신이 잘하는 부분을 찾아라. 이를 콘텐츠로 활용할 수 있다. 어떤 일을 할 때 가장 잘하는지 생각해 보라. 어떤 활동을 하면 시간이 순식간에 흐르는지, 느낌이 좋은지 생각해 보라. 그 활동을 통해 어떤 능력이 발휘되는지 생각해보라.

④ 관심사와 취미

자신이 관심 분야를 탐구하고 콘텐츠로 만들어라. 관심사를 발견하는 데에는 자기 스스로에 대한 이해가 중요하다. 예를 들어, 자연을 사랑하는 사람은 등산이나 정원 가꾸기 같은 활동에 흥미를 느낄 수 있다. 취미생활을 하면서 삶의 긍정적인 변화를 가져오게 된 것들은 책 쓰기에 좋은 콘텐츠다.

[강점을 찾기 위한 질문]
- 내가 잘하는 것은 무엇이고, 못하는 것은 무엇인가?
- 내 강점을 드러내기 위해 필요한 태도는 무엇인가?
- 나는 지금까지 어떤 부분에서 성과를 내왔는가?
- 내가 가진 강점 중에 최고의 강점은 무엇인가?
- 강점을 더욱더 강화하기 위한 전략은 무엇인가?
- 나는 무엇을 보완해야 하는가?

- 내 약점 속에 숨어있는 강점은 없는가?
- 나는 어떤 일을 했을 때 만족하고 즐거워했는가?
- 어떤 일을 했을 때 가장 큰 보상을 받았는가?
- 지금 내가 할 수 있는 최선의 선택은 무엇인가?

이제 책 쓰기 3주 차가 지났다. 이제 책 쓰기를 어떻게 해야 하는지 길이 조금씩 보일 것이다. 오늘은 나에게 맞는 콘텐츠를 찾는 법을 배웠다. 내면은 우리에게 끊임없이 신호를 보내온다. 평소에 자신에게 일어난 사건에 대해 깊이 반추해 보는 사색도 도움이 된다. 이러한 질문을 던져보면서 그 해답을 생각해 봄으로써 자신만의 강점을 이끌어낼 수 있다.

| **책 쓰기 TIP** | 자신의 강점 찾는 법

자신이 가장 많이 참여하고 가장 즐거워하는 활동들을 적어보자. 2~3일 정도 시간을 들여 하루 동안 하는 모든 활동들을 적어보고 얼마나 좋아하는지 점수를 매겨보자. 가장 높은 점수를 얻는 활동이 자신의 강점이다.

23일 차 차별화 전략

Q : 내 책은 어떻게 차별화하죠?
A : 차별화하기 위해서는 포지셔닝하고 지향하는 가치를 뚜렷하게 하세요.

Executive Summary

내 책을 차별화할 방법 세 가지
① 포지셔닝 하라.
② 지향하는 가치를 뚜렷하게 하라.
③ 차별화의 핵심은 '최초', '유일', "최고' 다.

사회가 점점 발전하고 다양성을 추구함에 따라 사람들에게 미친 가장 큰 영향은 차별화가 경쟁우위의 원천이 됐다는 것이다. 그러나 차별화는 결코 쉽지 않다. 내가 쓰려고 하는 주제의 책은 이미 많지만 그중에 독자에게 선택받아 베스트셀러가 된 책은 매우 드물다.

차별화된 책만이 베스트셀러가 될 수 있다는 사실을 모르는 사람은 없다. 그런 까닭에 이 순간에도 많은 작가는 자신만의 차별화를 이루기 위해 치열한 노력을 하고 있다. 그러나 안타깝게도 차별화를 이끌어내는 정형화된 공식은 없다. 차별화란 아주 작은 차이로 독자 마음을 흔들고 다른 작가가 쉽게 흉내 낼 수 없는 것이다. 우리 인식 속에 기억되는 그 독특한 특성, 책을 딱 보자마자 읽어

보고 싶은 무언가가 있어야 한다. 그것이 책 콘셉트다. 독자는 어지간히 다르지 않으면 책을 집어 들지도 않는다. 책을 읽는다는 것을 한마디로 요약하면, 독자의 선택을 이끌어내는 작업이다. 작가 마음에 드는 것이 아니라, 독자 마음에 드는 무언가가 있어야 차별화가 가능하다. 책 내용이 좋다고 무조건 베스트셀러가 되는 것은 아니다. 책의 성패는 차별화에 달려있다. 그럼 내 책을 어떻게 차별화할 것인가?

① 차별화의 기본은 포지셔닝이다.

베스트셀러와 유사점을 내세워 내 책이 속한 카테고리를 알린 후 차이점을 인식해야 한다. 비교를 잘해야 차별점이 두드러진다. 포지셔닝 하면 생각나는 사람이 있다. 교통사고 전문 변호사 한문철이다. 요즘 유튜브나 TV에 많이 나온다. 형사소송 전문 변호사, 이혼 전문 변호사, 세무 전문 변호사, 민사소송 전문 변호사 등 변호사도 종류가 많지만, 이 분은 20년 넘게 교통사고 전문 변호사만 하고 있다. 이것이 포지셔닝이다. 그냥 딱 보면 안다. 그냥 사람들이 나를 보고 딱 떠오르는 게 있으면 그 분야 책을 쓰면 된다. 나자신은 독자에게 어떤 포지션을 점유하고 있는가?

② 지향하는 가치를 뚜렷하게

우선 독자에게 어떤 가치를 전달하고 싶은지, 무엇을 제공하고 싶은지 명확하게 정의를 해야 한다. 독자 관점을 고려해 책을 써야 한다. 독자가 어떤 가치를 찾는지 고려해 원고를 작성해야 한다. 전달하고 싶은 가치가 아무리 좋아도 독자가 원하는 가치가 아니면 그 책은 세상에 나와도 독자의 선택을 받을 수 없다.

책은 내 생각을 글로 옮기는 작업만이 아니다. 내가 가진 핵심가치를 발견하고 이를 시장이 원하는 언어로 바꾸는 일이다. 자비 출판[7]을 해서 오직 나의 필요에 의해 만들어진 책은 독자 마음에 닿기는 어렵다. 그렇기 때문에 내가 말하려는 가치와 독자가 원하는 가치가 맞닿은 부분에서 책을 써야 한다. 독자가 원하는 정보나 해결하고자 하는 문제를 고려하라. 독자가 책을 읽고 나서 어떤 가치를 느낄지 고민해 보라.

③ 차별화의 핵심은 '최초', '유일', '최고'다.

차별화 핵심은 남이 갖지 못한 독특함이다. 그 독특함을 어필하는데 '최초', '유일', '최고' 이 세 가지가 핵심이다. 세 가지 전략을 활용하면 남다른 전략, 차별화를 수립할 수 있다.

가. 최초: The First

무언가를 가장 먼저 했다고 하면 호기심의 대상이 되고, 무엇이든 '최초'라고 하면 관심을 끌게 된다. 사람은 늘 새로움을 추구하는 본능이 있다. '최초'이거나, '처음'이거나, '오리지널'인 것을 좋

---

7) 자비 출판: 저자가 스스로 돈을 대어 책을 출판하는 일.

아한다. 어느 분야든 가장 먼저 카테고리를 개시하는 것은 오리지 널이란 이미지 덕분에 대접받을 수 있다. '최초'라는 말은 역설적 으로 '최신'과 통한다. 최신 흐름을 잘 읽으면, 특정 카테고리에서 첫 번째가 될 수 있기 때문이다. 사람은 사회 동물이기 때문에 자 신이 유행이나 트렌드에 뒤처져 보이고 싶어 하지 않는다. 또한 새 롭고 신기한 것을 가장 먼저 접하고 싶다는 순수한 욕구 외에도 '시대를 앞서가는 사람'으로 보이고 싶은 인정욕구가 있다. 단순히 유행을 따르는 데 그치지 않고, 시대의 철학에 맞추는 듯 보임으로 써 앞서간다는 인상을 주려는 경향이 있다.

예를 들면 최근 기업의 사회 책임과 자속가능성을 고려하는 기 업이 늘어남에 따라 ESG 관련 책이 출간되었고, 2018년도 7월부 터 300인 이상 대기업과 공공기관을 대상으로 주 52시간 근무제 도입으로 '워라밸'이 유행하면서 일과 삶의 균형을 중시하는 문화 가 생겨났다. 그 후 '워라밸' 관련 도서가 봇물처럼 출간되었다.

나. 오직 하나뿐 : The Only

독특한 디자인을 가진 제품은 유일함의 시장 가치가 높다. 사람 은 기회만 되면 남다름을 드러내고 싶어 한다. 남이 가지고 있지 않은 제품을 과시하려는, 자기만족의 욕구를 충족해 주기 때문이 다. 어떤 분야에서 전문성을 갖추고 있다면, 그 점을 시장에 널리 알리는 것도 차별화 전략을 활용하는 방법 중 하나다. 사람은 전문 성이 인정되면 리스크가 적다고 판단하는 경향이 있다.

여기에 소비자를 생산 과정에 참여시켜 자기만의 물건처럼 느끼게 하는 차별화 전략도 있다. 사람은 작은 일에도 성취감을 느낀다. 내가 손수 만든, 나만의 것에 더 애착을 갖게 된다. 세상에 둘도 없는 제품을 쓰고 있는 기분이야말로 아주 특별하고 강력한 차별화 전략이라 할 수 있다. 이러한 경험을 책으로 쓰면 된다.

다. 최고 : The Best

더 이상 말이 필요 없다. 그 자체만으로 최고임을 인정받을 수 있다. 사람은 흔히 1등은 뭐가 나아도 낫다고 믿는다. 잘나가는 것에는 그럴 만한 이유가 있다고 생각하기 때문이다. 인간의 두뇌는 정보를 처리할 때 많은 에너지가 소모되기 때문에, 되도록 그 에너지를 절약하려 한다. 이를 인지적 구두쇠(Cognitive miser)[8]라고 표현한다. 1등이라고 자랑하는 것이 중요하다. 만약 공부법 책 중에 1등이 아니라면, 영어 과목 중에 1등이라고 외치는 전략이 좋다.

---

8) 인지적 구두쇠 : 1984년 미국 프린스턴대 수잔 피스크 교수와 UCLA의 셀리 테일러 교수가 발표한 이론으로, 사람들은 최대한 간단하고 두뇌의 에너지를 적게 쓰는 방식으로 문제를 해결한다는 것이다. 이는 현대인들의 깊게 생각하기 싫어하는 기조를 빗대는 용어로, 구두쇠가 한 푼의 돈을 아끼듯이 인간은 '생각'을 아낀다는 뜻이다.

Q : 벤치마킹을 어떻게 시작해야 할까요?
A : 벤치마킹은 경쟁 도서를 꼼꼼히 읽어 콘셉트, 인터넷 서점 리뷰, 경쟁 도서의 시작과 끝을 세밀하게 분석하세요.

누구나 한두 번쯤은 벤치마킹(Benchmarking)이라고 들어보았을 것이다. 벤치마킹은 원래 토목 분야에서 강물 등의 높낮이를 측정하려고 기준점인 벤치마크(Benchmark)를 표시하는 행위를 말한다. 여기서 벤치마크란 측정의 기준점을 말한다. 벤치마킹이란 측정의 기준이 되는 대상을 설정하고 그 대상과 비교 분석해 장점을 따라 배우는 행위를 말한다.

유명한 벤치마킹 사례는 1980년대에 미국의 제록스(Xerox)가 일본의 경쟁사 제조 기술, 프로세스 및 비용 구조를 면밀히 조사했다. 이러한 프로세스를 이해하고 분석함으로써 제록스는 제조비용을 크게 절감하고, 품질을 향상시키며, 시장에

> **Executive Summary**
> 경쟁 도서 벤치마킹하는 세 가지 방법
> ① 경쟁 도서의 콘셉트 분석
> ② 인터넷 서점 리뷰 분석
> ③ 경쟁 도서의 시작과 끝을 분석

서 경쟁력을 회복했다.

작가가 책을 쓰려면 경쟁 도서 분석은 무조건 해야 한다. 벤치마킹을 해야 한다. '지피지기면 백전불태(知彼知己 百戰不殆)'라고 하지 않는가. 상대방을 잘 알고, 또한 나를 잘 알면, 백번 싸워도 위태로움이 없다는 뜻이다. 경쟁 도서는 무조건 읽어봐야 한다. 당연히 꼼꼼히 읽어야 한다. 읽으면서 분석을 해야 한다. 당신은 책을 처음 쓰는 사람이므로 많이 알지 못한다. 그런 상황에서 경쟁 도서를 분석하지 않고 책을 쓴다면 무조건 실패한다. 그저 그런 책은 시중에 널려있다. 출판사에서도 경쟁력이 없는 책은 출간하지 않는다. 경쟁 도서를 꼼꼼히 읽고 정확히 알아야 한다. 경쟁 도서를 분석하는 방법을 살펴보자.

① 경쟁 도서의 콘셉트 분석

경쟁 도서의 콘셉트를 분석해야 한다. 제목과 목차, 머리말을 분석하라. 목차를 자세히 보고 핵심적인 내용이 무엇인지 파악하라. 당신이 쓰려는 책과 같은 분야의 비슷한 주제를 가진 책을 최소한 20~30권 정도는 구매해서 분석해야 한다.

독자들이 이 책에 대해 마음에 들어 하는 점과 마음에 들어 하지 않는 점을 분석하라. 이를 통해 경쟁 도서의 장단점을 파악하고 당신의 책에서 보완할 부분을 찾을 수 있다. 엑셀이나 워드 같은 프로그램을 사용해 분석 표를 만든다. 분석 표에는 경쟁 도서의 제목, 출판사, 모방할 부분, 보완할 부분, 인용구 등을 체계적으로 정리한다.

② 인터넷 서점 리뷰 분석

경쟁 도서를 읽으면서 어떤 점을 강조해서 독자가 반응했는지 면밀히 분석해야 한다. 또한 인터넷 서점 리뷰를 다 읽어봐라. 평점이 높은 리뷰, 낮은 리뷰를 동시에 보면서 균형감을 가지고 객관적으로 바라봐야 한다. 그러면서 책의 장·단점을 파악하라.

리뷰 내용에서 자주 등장하는 키워드를 추출하라. 특정 키워드가 도서의 특징이나 장·단점을 나타낼 수 있다. 예를 들어 "재미있는", "실용적인", "자세한 설명"과 같은 키워드를 찾아보라.

③ 경쟁 도서의 시작과 끝을 분석

책을 분석하려면 세부 사항에 주의를 기울여야 한다. 책의 미묘한 메시지와 아이디어를 분석하려면 책에 전념해야 한다. 저자가 선택한 단어, 문장 구조, 상징, 특정 이벤트 등을 주목하라. 책 특정 부분은 더 주의를 기울여야 한다. 책 시작과 끝은 의미와 상징을 찾기에 좋은 부분이다. 책을 읽으면서 중요해 보이는 세부사항은 메모하라. 특히 중요하다고 생각되는 내용을 적어 특정 표현이 중요하다고 생각되면 나의 책에 직접 인용하라.

|책 쓰기 TIP| 모델 북을 찾아 벤치마킹하라.

　경쟁 도서를 분석하다 보면 '이 책은 정말 잘 썼다. 내 책도 이렇게 쓰면 좋겠다.' 싶은 책이 있다. 이런 책을 모델 북이라고 한다. 모델북을 정해서 철저하게 분석해야 한다. 모델 북에서 잘된 요소를 추출해서 내 책에 잘 녹여 넣어야 한다. 모방은 결코 나쁜 것이 아니다. 오히려 가장 효과적인 학습방법이다.

스페인의 초현실주의 화가이자 영화 제작자인 살바도르 달리는 이런 말을 했다.

"아무것도 모방하려 하지 않는 사람은 그 무엇도 만들어내지 못한다."

모델 북을 따라 모방할 때는 반복적으로 읽으면서 제목, 서문, 후기, 목차, 꼭지 시작 문구, 꼭지 정리 문구, 에피소드 제시방법, 수사법, 부록에 이르기까지 그야말로 철두철미하게 분석해 더 좋은 책을 만들어야 한다.

모델 북을 따라 할 때 가장 좋은 방법은 본받고 싶은 꼭지를 정해서 형식은 똑같이 유지하고 내용만 바꿔서 다시 써 보면 좋다. 필사를 하는 것은 그 어떤 방법보다 책 쓰기 능력을 향상시켜주는데 효과적이다.

Q : 어떻게 써야 베스트셀러가 되나요?
A : 베스트셀러가 되기 위해서는 3T를 갖추어 써야 합니다. 타이밍(Timing)이 맞아야 하고, 타깃(Target)이 명확해야 하고, 트렌드(Trend)가 잘 방영되어야 합니다.

모든 작가는 자신의 책이 베스트셀러가 되길 원한다. 그렇게 해서 돈을 많이 벌기를 원한다. 그러나 베스트셀러가 되는 건 쉽지 않다. 그렇다고 불가능한 것은 아니다. 베스트셀러를 만들기 위한 마법의 공식은 없지만 약간이라도 더 많은 가능성을 갖출 수 있는 몇 가지 전략은 있다.

Executive Summary
베스트셀러가 갖추어야 할 점(3T)
① 타이밍(Timing)
② 타깃(Target)
③ 트렌드(Trend)

첫 번째, 베스트셀러를 쓰고 싶다면, 독자들이 한 번도 읽어보지 않은 것을 써라. 이것은 매우 어려운 일이지만 독창적이라는 점에서 많은 점수를 받는다. 예를 들어 남성 중심 사회에 관한 책이 많다면 여성 중심 사회에 관한 책을 쓰면 독자들이 주목할 것이다.

두 번째, 작가의 고객은 독자이다. 독자는 작가에게 매우 중요하다. 독자가 없으면 작가는 아무것도 아니다. 그러나 책이 꼭 나와야 독자가 생기는 것은 아니다. 요즘은 블로그, SNS 등으로 팔로워를 만들 수 있다. 이것들을 활용해 책이 나오면 팔로워들에게 자연스레 홍보가 된다. 팔로워가 독자로 변하는 순간이다.

세 번째, 더 많은 사람들이 관심을 갖는 것에 대해서 책을 쓰면 베스트셀러가 될 가능성이 더 높아진다. 작가는 사람들이 무엇에 흥미를 가지고 읽고 싶어 하는지 알아내려고 노력해야 한다. 그 방법은 베스트셀러 목록을 확인하거나 당신의 블로그나 SNS의 팔로워들에게 설문조사를 하거나 많은 대화를 하다 보면 트렌드와 요즘 관심사가 무엇인지 알 수 있다.

그러면 베스트셀러 작가가 되고 싶으면 어떤 책이 베스트셀러로 떠오르는지 알아봐야 한다. 교보문고는 매년 베스트셀러와 주요 동향을 발표한다. 2023년 베스트셀러 주요 동향을 살펴보자.

① 《세이노의 가르침》 종합 1위, 자기 계발 분야 신장세 견인

② 달라진 취업시장, 새로운 대안 찾기

③ 제2의 인생, 책에서 답을 찾다

④ 메마른 출판시장의 단비, 만화 콘텐츠 신장세

⑤ 아이는 마음공부, 엄빠는 육아 공부! 자녀 교육서의 인기

주요 동향만 봐도 어떤 책이 잘나가는지 파악할 수 있다. 베스

트셀러 분석은 도서 시장을 이해하고 성공적인 책을 쓰는 데 도움이 된다. 그러면 베스트셀러는 어떤 공통점을 가지고 있을까? 2023년 시중에 등장한 베스트셀러는 몇 가지 공통점이 있다.

① 새로운 지식과 통찰력을 주는 책

《세이노》,《역행자》,《사장학 개론》: 경제적 자유를 얻는 방법 설명

《원씽》,《도둑맞은 집중력》: 집중력에 키우는 방법 설명

② 정서 공감대 형성하는 책

《도시와 그 불확실한 벽》,《불편한 편의점》,《구의 증명》: 공감과 안정을 얻음

③ 타깃층이 명확한 책

《김미경의 마흔 수업》,《문과 남자의 과학 공부》: 구체적으로 독자를 설정

베스트셀러 세 가지 공통점을 알아봤다. 이 공통점을 아우르는 하나는 '독자에게 이득을 준다.'는 것이다. 독자는 책을 보고 실질 혹은 정서 이득을 얻고자 한다. 독자는 책이 나에게 이득을 준다는 생각이 들 때 책을 산다. 내 책이 독자에게 '어떤 이득을 줄 것인가'를 생각하면서 책을 쓰면 베스트셀러가 될 가능성이 높다.

그러면 베스트셀러가 되기 위해 갖추어야 할 요건은 무엇인지 알아보자. 베스트셀러는 3T를 갖추어야 합니다. 이 세 가지를 갖

추면 베스트셀러가 될 확률이 높다.

① 타이밍(Timing) : 현재 시기와 맞고 수요가 많으면 좋다.

② 타깃(Target) : 타깃을 넓게 갈 것인가? 타깃을 좁게 갈 것인가? 타깃을 넓게 가지고 가면 베스트셀러에 유리하지만 경쟁 도서들이 많아 노출조차 되지 않을 수도 있다. 그래서 주 타깃과 서브 타깃을 정하는 것이 좋다.

③ 트렌드(Trend) : 시대의 경향을 제대로 읽어야 한다.

| 책 쓰기 TIP | 글쓰기 실력을 키우는 방법 → 필사하기

글쓰기 실력을 키우는 데 있어 좋은 책을 많이 읽고, 베껴 쓰는 연습만큼 좋은 방법은 없다. 필사는 마음에 와닿는 좋은 책 속에 있는 좋은 문장을 그대로 옮겨 적는 것이다. 중요하거나 인상적인 부분이 있었다면 그 부분을 필사해 보라.

한 번 더 깊이 읽게 되어 오랫동안 기억할 수 있을 뿐 아니라, 기록으로 남겨 둘 수 있다. 좋은 책을 선정해 필사를 하다 보면 문장력이 키워진다. 좋아하는 작가의 문체를 고스란히 습득하게 된다.

그림을 그리거나, 기사를 쓸 때에도 처음엔 무조건 따라 하는 것부터 시작한다. 모방을 하다 보면 어느 순간 자신이 그림을 그리고, 글을 쓸 수 있게 된다. 글쓰기 실력을 키우고 싶다면 좋아하는 책을 정해 필사를 하라.

26일차 표절

Q : 표절을 피하는 방법은 뭔가요?
A : 표절을 피하려면 인용한 문구와 출처를 남기세요. 모르겠으면, 글 본문에 명시하세요. 책 쓰기에도 윤리가 필요합니다.

"직접 인용이든, 간접 인용이든 혹은 다시 쓰기든, 요약 쓰기든 남의 것을 빌려 쓴 이상 출처를 밝히는 것이 원칙입니다. 글쓰기 수업에서 이 출처 표시가 생각보다 어렵다는 하소연을 자주 듣습니다. 그래서인지 남의 책에서 한 단락이나 옮겨 써 놓고 '어느 책에서 본 구절이다'로 얼버무리면 무단 사용으로 오해받습니다."

> **Executive Summary**
> 표절 논란을 방지하기 위한 방법
> ① 자신이 쓰고자 하는 분야에 익숙해지자.
> ② 인용한 문구와 출처를 남기자.
> ③ 모르겠으면, 글 본문에 명시하자.

- 송숙희, 《150년 하버드 글쓰기 비법》, 유노북스, 2022년

표절은 문학계에서 큰 논란의 중심이 되는 주제다. 작가는 자신의 창작물을 소중히 여긴다. 또한 독자에게 고유한 경험을 제공한다. 그러나 표절은 다른 작가의 아이디어나 글을 무단으로 사용하

는 행위로 윤리에 어긋난다. 작가는 자신의 창작물에 존중을 받아야 한다. 표절은 다른 작가의 노력과 창의성을 무시하는 행위다.

우선 표절의 정의를 살펴보자
• 표절 : 다른 사람의 저작물의 일부 또는 전부를 몰래 따다 쓰는 행위.(출처: doopedia 두산백과) 시나 글, 음악 따위를 지을 때, 남의 작품의 일부를 자기 것인 양 몰래 따서 씀.(출처: daum 국어사전)

이처럼 표절은 타인의 저작물 전체를 도용하는 것뿐만 아니라 일부만을 도용하는 것도 포함된다. 많은 사람이 표절과 헷갈려 하는 '인용'과 '모방'을 알아보자.

'인용'은 남의 말이나 글을 자신의 말이나 글 속에 끌어 쓰는 것을 말하고, '모방'은 다른 것을 본뜨거나 본받는 것을 말한다. 사전적인 의미만 본다면 '표절과 다른 게 뭘까?'라고 생각할 수도 있다. 가장 큰 차이점은 정의에 나와 있다. '몰래'라는 단어다. '인용'이나 '모방'의 사전 정의에는 '몰래'라는 단어가 없다. 그러나 '표절'의 경우 '몰래'라는 것이 있다. '몰래' 사용했다는 것이 어찌 보면 판단하기 어려울 수도 있다. 그러나 출처 표기를 해서 그 애매함을 해결할 수 있다. 타인의 창작물을 자신 것처럼 발표하는 것이 표절이기 때문이다. 책, 논문, 노래 등 논란을 만들지 않기 위해서는 인용해 온 부분에 정확히 출처를 밝혀야 한다.

한국 행정학회에서는 '표절을 고의적으로나 또는 의도하지 않았다고 해도 출처를 명확하게 밝히지 않은 채, 타인의 지적재산을 임의로 사용하는 것으로 정의한다.'라고 밝혔다. 무작정 출처를 밝혔다고 해서 표절에서 자유로울 순 없다. 자신의 이름으로 내는 책에서 대부분 분량이나 핵심 내용이 남의 책에서 가져온 것이라면 출처를 밝혔어도 그 책은 본인 책이라고 보기 어렵다. 엄밀히 따지면 표절은 법률 개념이기 보다는 윤리 개념에 가깝다. 표절을 했다고 해서 무조건 저작권 침해에 해당하지는 않기 때문이다. 표절은 작가에게 큰 타격을 줄 수 있다. 작가는 자신만의 창의적인 작품을 만들어야 한다.

다른 작품에서 아이디어를 훔치는 것은 미덕이 아니다. 신뢰를 잃은 작가는 작품을 표절했다는 사실로 인해 독자와 출판사, 동료 작가 사이에서 철저히 외면당한다. 표절은 작가 평판과 경력에 큰 영향을 미칠 수 있어 하면 안 된다.

소설가 신경숙 작가는 대표적인 베스트셀러 작가다. 독자는 그 이름만 보고 산다고 할 정도다. 그런 그녀가 2015년 이응준 작가가 허핑포스트에 신경숙 작가 책이 표절이라고 기고하면서 세상에 알려졌다. 이후 결국 신경숙 작가는 표절을 인정하고 4년간 절필하였다. 2015년 표절 논란 이후 4년 만에 소설을 발표하며 활동을 재개했다. 그러나 독자들은 그녀를 다시 쳐다보지 않았다. 작가로서는 종말이나 다름없는 표절 사태에 제대로 된 사과도 하지 않은 작가의 문단 복귀가 타당한지에 비판 여론이 거세게 일었다.

표절 논란을 방지하기 위한 방법을 알아보자.

① 자신이 쓰고자 하는 분야에 익숙해지자 : 주제를 이해를 하면, 다른 사람의 정의를 활용하는 것이 아니라, 자신만의 표현으로 이야기할 가능성이 높아진다.

② 인용한 문구와 출처를 남기자 : 다른 저자의 작품을 직접적으로 인용한다면, 명확하게 표기해 주어야 한다. 인용된 문구가 있으면 따옴표를 추가해 주거나 출처를 기입해 줌으로써 표절을 피할 수 있다. 글을 쓸 때 곧장 해줘야 한다. 나중에 한 번에 추가해 주다가 몇 개 빠뜨려서 표절 시비에 걸릴 수 있다.

③ 모르겠으면, 글 본문에 명시하자 : 문단에서 출처를 직접 언급하자. "나탈리 골드버그에 의하면, 뼛속까지 내려가서 쓰라고 했다."처럼 적으면 된다.

누군가에게 들은 것 같은 생각이 든다면, 진짜로 그랬을 가능성이 높다. 정직하게 책을 쓴다면, 표절을 하게 될 가능성은 매우 낮다. 표절은 윤리적인 문제다. 자신의 커리어에 큰 영향을 끼친다. 그렇기 때문에 꼼꼼히 검사해야 한다.

Q : 인용과 주석을 어떻게 표시를 해야 하나요?

A : 직접 인용은 인용부호 큰따옴표(" ")를 이용해 표시하고, 간접 인용은 끝에 주석을 달아 출처를 표기하세요. 주석은 "저자-제목(책명)-출판사명-출판연도-인용한 페이지" 형식으로 표시하면 됩니다.

책 쓰기 과정에서 자신의 견해나 주장을 전개해 나아갈 때 다른 사람이 먼저 기술한 주장이나 판단을 비판하면서 자신의 주장에 근거를 마련해 나갈 수밖에 없다. 이러한 책 쓰기 과정에서 윤리를 지키기 위해서는 '인용'을 해야 한다.

Executive Summary

인용의 종류: 직접 인용(" "), 간접 인용

주석 형식: 저자-도서명—출판사명-출판 연도-인용한 페이지

주석의 종류: 각주, 미주

인용이란 다른 사람의 말이나 글을 내가 쓰는 글에 사용하는 것이다. 인용은 직접 인용과 간접 인용이 있다. 직접 인용은 원저자의 주장이나 표현을 원문 그대로 내 글에 사용하는 것을 말한다. 간접 인용은 원작자의 주장이나 표현을 변형시켜 사용하는 것을

말한다.

[인용의 종류]

① 직접 인용

- 원문을 그대로 제시하는 방법

- 인용부호(큰따옴표, " ")로 인용한 부분을 표시

예) 렘브란트의 풍경화는 "로맨틱하고 환상적이었다."

- 인용하고자 하는 원문이 긴 경우에는(4~5행 이상) 행을 바꾸고 좌우 여백을 둔 별도의 문단으로 표시한다. 이때, 폰트나 줄 간격 등의 설정을 달리하는 방법도 있다. 이렇게 길게 인용할 경우 따옴표를 쓰지 않는다. 이 글을 쓴 사람이 누구인지 벌써 위에 적었기 때문이다. 인용이 끝날 때에는 괄호를 이용해 출처를 밝혀 주기만 하면 된다.

예) 《눈의 역사 눈의 미학》에서 임철규 작가는 이렇게 말했다.

아이의 눈을 뜨게 하려는 희명의 헌신적 노력은 단지 아이의 두 눈이 떠지는, 그런 물리적인 개안을 목표로 하는 것은 아니었다. 비록 현실의 세계를 볼 수 있는 눈은 잃었지만, 지혜의 눈, 깨달음의 눈을 얻어 희망을 찾을 수 있기를 소망한 것이다. 희명이 마음의 눈, 지혜의 눈을 원한 것은 불성의 눈을 뜨기 위함이다.

② 간접 인용

- 원문을 풀어쓰거나, 원문의 문장 구조를 바꾸거나, 원문과 다

른 표현을 사용하는 등의 방법으로 인용한다.

 - 직접 인용과 달리 인용부호는 사용하지 않고 인용한 내용 끝에 주석을 달아 출처를 표기한다.

 - 간접 인용을 하거나 출처에서 문장을 따 와서 자신의 말로 문장을 바꿀 때에는 50% 이상 바꿔줘야 표절을 피할 수 있다. 말을 바꿀 때, 인용문을 보지 말고 자신 머릿속에 담아 둔 후 새로운 문장으로 만들어 내라.

 예) 최인훈에 다르면, 휴전 소식을 접한 이명준은 고뇌에 빠졌으며 북으로 돌아갈 생각이 없다. 그 이유는 당시 사회에 대한 믿음이 없어 아무에게도 의지하지 못하는 주인공의 절망감을 표현한 것이다.[9]

 주석이란 자료의 출처나 부연 설명, 특정 내용에 작가의 견해 등을 덧붙이는 데 활용되는 기회를 말한다. 인용을 했을 때 자료와 정보의 출처를 밝히는 형식을 말한다.

 • 저자 - 제목(책명) - 출판사명 - 출판 연도 - 인용한 페이지
 예) 최재천,《인간과 동물》, 궁리, 2007, 138쪽
  임재춘,《쓰기의 공식 PREP》, 반니, 2019, 142쪽

 주석의 위치에 따라 각주와 미주로 나뉜다. 각주는 단어나 문장

---

9) 출처: 최인훈,《광장》, 문학과 지성, 1976, 196쪽

의 뜻을 설명하거나 출처를 표시하기 위해 페이지 아래에 덧붙이는 글을 말한다. 미주는 각주와 마찬가지로 단어의 뜻을 추가 설명하려고 덧붙이는 글이다. 차이점은 문서 마지막 페이지 아래에 위치한다는 점이다.

|책 쓰기 TIP| 간접 인용의 요령

원문을 주의 깊게 읽고 그 핵심 내용을 정확하게 파악한다. 원문의 문장 구조나 표현을 모방하지 않도록 주의하라. 이를 위해 원문을 보지 않은 상태에서 인용문을 쓰는 것이 중요하다. 원문과 인용문을 비교하면서 내용은 왜곡한 부분은 없는지 확인한다.

원문의 내용과 자신의 견해가 뒤섞이거나 그 경계가 모호해지지 않도록 주의한다. 간접 인용을 통해 원문의 내용을 더 명료하고 정확하게 전달하도록 신경 써야 한다. 간접 인용은 원문보다 더 일반적이고 구체적인 개념을 활용하는 것이 좋다.

3부 _ 집필

책 쓰기는
훈련하면
된다

28일차 서문 작성

Q : 서문을 쓰기 어려운데 쉽게 쓰는 방법이 있나요?

A : 독자의 호기심을 자극하는 서문 작성비법, SEED 비법이 있습니다.

Executive Summary

독자의 호기심을 자극하는 서문 작성 비법 (SEED)

① (Simple) 간결하고 강렬하게

② (Express) 주제와 목적을 표현하라

③ (Episode) 호기심을 자극하는 에피소드나 흥미로운 이야기로 서문을 시작하라

④ (Desire) 미래의 기대감 조성

독자의 호기심을 자극하는 서문을 작성하는 데 어려움을 느끼고 있다면 책에 씨앗을 뿌리는 SEED 비법을 참고하라.

① Simple : 간결하고 강렬하게

서문은 간결하고 강렬하게 작성하라. 너무 길게 늘어지지 않게 주의하자.

② Express : 주제와 목적을 표현하라

서문에서는 책 주제와 목적을 명확하게 설명하라. 독자가 왜 이 책을 읽어야 하는지를 간결하게 전달하라.

③ Episode : 호기심을 자극하는 에피소드나 흥미로운 이야기로 서문을 시작하라.

이는 독자의 관심을 끌고 책을 계속 읽게 유도할 수 있다.

④ Desire : 미래의 기대감 조성

독자에게 이 책이 어떤 가치를 제공하고, 어떤 인사이트를 제공할 것인지 써서 기대감을 조성하라.

서문은 책 첫 부분으로, 독자 관심을 끌고 내용을 소개하는 역할을 한다. 독자는 서문을 보고 책을 계속 볼지 말지를 결정한다. 이 책의 방향, 스타일, 느낌, 작가의 철학이 서문에서 비로소 알 수 있다. 서문은 한마디로 초대장이다. 독자가 이 책이 가지고 있는 강력한 것들을 보여주면서 읽게 만드는 그런 초대장이다. 서문이 갖추어야 할 가장 중요한 기능은 독자로 하여금 이 책의 본문을 펼쳐보게 만드는 것이다. 작가는 서문을 작성할 때 이런 것을 언급하는 것이 매우 중요하다. 또한 독자에게 이 책의 필요성을 반드시 이야기해야 한다. 이 책을 읽으면 독자에게 얻을 것이 있고, 이 책을 읽지 않으면 손해라는 사실을 설명하는 것이 필요하다. 결국 독자에게 이 책은 나에게 꼭 필요한 책이란 생각이 들게 해야 한다.

서문의 가장 중요한 역할은 독자를 유혹하는 것이다. 독자를 유혹할 수 있어야 좋은 서문이다. 서문을 보았을 때 독자는 그 책을 구입할지 말지를 결정한다. 그런 점에서 서문은 본문과 다르게 써야 한다. 호기심을 자극할 수 있으면 더 좋다.

서문은 독자에게 이 책이 어떤 내용을 담고 있는지, 어떤 주제를 다루며 왜 중요한지 힌트를 제공한다. 서문을 작성할 때는 명확하고 매력적인 초대장을 만들어 독자의 호기심을 자극하여 이 책을 읽게 만들어야 한다. 이 책을 읽어야 하는 필요성을 느끼도록 설득해야 한다.

책을 쓸 때 서문을 쓰는 순서가 정해져 있지는 않다. 원고를 다 쓰고 마지막에 서문을 쓰는 경우도 있다. 하지만 서문을 먼저 쓰고 나중에 본문(원고) 쓰기를 추천한다. 그래야 내가 하고자 하는 말이 정리가 된다.

잘 쓴 서문을 보자. 《호모 루덴스》요한 하위징아 저, 연암서가)

우리의 시대보다 더 행복했던 시대에 인류는 자기 자신을 가리켜 감히 '호모 사피엔스 Homo Sapiens, 합리적인 생각을 하는 사람'라고 불렀다. 하지만 세월이 흐르면서 우리 인류는 합리주의와 순수 낙관론을 숭상했던 18세기 사람들의 주장과는 다르게 그리 합리적인 존재가 아니라는 게 밝혀졌고, 그리하여 현대인들은 인류를 '호모 파베르 Home Faber, 물건을 만들어내는 인간'라고 부르기 시작했다. 비록 인류를 지칭하는 용어로서 'faber, 물건을 만들어내는'라는 말이 'sapiens, 생각하는'라는 말보다 한결 명확하지만, 많은 동물들도 물건을 만들어낸다는 점을 감안할 때 이 말 역시 부적절하기는 마찬가지다. 인간과 동물을 동시에 적용되면서 생각하기와 만들어내기처럼 중요한 제3의 기능이 있으니, 곧 놀이하기다. 그리하여 나는 호모 파베르 바로 옆에, 그리고 호모 사피엔스와 같은 수준으로, '호모 루덴스 Homo Ludens, 놀이하는 인간'를 인류 지칭 용어의 목록에 등재시키고자 한다.

모든 인간의 행위를 '놀이'라고 부르는 것이 고대의 지혜였지만, 일부 사람들은 그렇게 부르는 것을 천박하다고 생각해왔다. 이러한 형이상학적 결론(놀이는 천박)을 지지하는 사람들은 이 책을 읽을 필요가 없으리라. 하지만 놀이 개념은 이 세상의 생활과 행위에서 뚜렷하면서도 중요한 요소로 작용해왔다. 나는 지난 여러 해 동안 문명이 '놀이 속에서 in play' 그리고 '놀이로서 as play' 생겨나고 또 발전해왔다는 확신을 굳혀왔다. 그리하여 1933년 레이던 대학 연례강연에서 이것을 주제로 강연했고, 취리히, 빈, 런던 대학 등에서도 같은 주제로 강연했다. 특히 런던 대학에서는 강연 제목이 '문화의 놀이요소 The Play Element of Culture'였다. 주최 측은 강연 때마다 'of Culture, 문화의'를 'in Culture, 문화 속의'로 바꾸고 싶어 했다. 하지만 나는 그때마다 거부하면서 'of Culture'를 고집했다.

왜 그렇게 했느냐면 나의 목적은 여러 문화 현상들 중에서 놀이가 차지하는 지위를 논하려는 것이 아니라, 문화가 어느 정도까지 놀이의 특징을 지니고 있는지 탐구하려는 것이었기 때문이다. 《호모 루덴스》를 펴내는 목적은 놀이 개념을 문화의 개념과 통합시키려는 것이다. 따라서 이 책에서 사용된 놀이라는 용어는 생물적 현상이 아니라 문화적 현상으로 이해되어야 한다. (이하 생략)

이 책 서문을 읽으면 간결하고 강렬하다. 책을 읽고 싶은 욕구가 저절로 생긴다. 또한 책 주제와 목적을 명확하게 설명하고 있다. 지금까지 주장한 바가 없는 새로운 이론을 제시해 흥미로움을 이끌어낸다. 마지막으로 인간은 호모 루덴스라는 문화 현상으로 이해되어야 한다고 미래 기대감을 조성하고 있다.

이제 책 쓰기 과정 4주 차가 지났다. 이제 본격적으로 집필을 시작하려면 책을 꼭 출간하겠다는 강한 의지를 가져야 한다. 책 집필은 막히는 순간이 많고 어려운 작업이다. 하지만 포기하지 않고 끝까지 쓰는 의지가 중요하다. 자신을 다독이며 책을 다 쓸 수 있다는 확신을 가지자. 자신을 믿는 힘이 필요하다. 나를 믿고 따라오라. 분명히 당신의 책을 보게 될 것이다.

Q : 초고는 언제까지 써야 하나요?

A : 초고는 책을 쓰기 시작한 지 40일 이내로 써야 합니다. 아무리 늦어도 7주(49일) 내로 완성해야 합니다. 꼭 집필 계획서를 작성하고 자신과 약속 하세요.

작가라는 단어의 한자어는 '作家', '집을 짓는 사람'이라는 뜻이다. 이는 뜻하는 바가 크다. 책 쓰기는 집을 짓듯이 써야 한다는 말이다. 집을 지을 때는 계획서를 작성해 기초 공사는 언제까지 마칠 예정이며, 배관 공사는 언제까지 마칠 예정이며, 인테리어 공사와 마무리는 언제

> **Executive Summary**
> 초고를 쓰기 전에 집필 계획서를 작성하라
> ① 언제까지 원고를 마칠 것인지 마감기한을 정해라
> ② 하루에 한 소제목(꼭지) A4 2.5페이지만 써도 40일이면 한 권의 책이 완성된다.

까지 마칠 예정인지 등 각종 세부계획이 나와야 한다. 그래야 기한이 늦어지지 않고, 정해진 공사 기간 내 마칠 수 있다. 책도 마찬가지다. 책 쓰기는 이 과정이 꼭 필요하다. 당신은 2주에 걸쳐서 어떤 장르와 콘셉트, 주제의 글을 쓸지 정했다. 그 결과는 각자 다르지만 지금 본인이 하는 업무나 취미 등을 토대로 책을 기획했다. 지

금 필요한 것은 집필 계획을 세우는 것이다. 그 무엇보다 집필 계획서가 중요한 이유는 대부분 예비 작가는, 원고를 쓰는 중에 책 콘셉트와 주제에서 자꾸 벗어나는 경우가 많다. 집필 계획서를 꼼꼼히 작성하고 집필을 시작하면, 집필 내내 주제에서 벗어나지 않고 책 전체 흐름을 잘 끌어나갈 수 있다.

집필 계획서는 최대한 꼼꼼하게, 세밀하게 적어야 한다. 집필 계획서는 책을 쓰다가 자칫 게을러질 때 자신을 잡아 주는 데 아주 좋은 버팀목이 된다. 최대한 꼼꼼히 작성해 집필은 언제까지 마치고, 투고는 언제 할 것인지 등을 미리 계획하는 것이 좋다. 책 쓰기는 사막을 건너는 것과 같다. 끝은 보이지 않고, 길을 잃어버리기도 하며, 오도 가도 못 하는 신세가 되었다가 신기루를 좇기도 한다. 책을 쓰는 동안 언제 초고를 완성될지 알 수가 없다. 이럴 때 나침반 역할을 해주는 것이 집필 계획서다. 보통 책 한 권 분량은 약 200쪽은 넘어야 책으로 묶어진다. 이렇게 생각하면 처음부터 막막해진다. 엄두가 나지 않는다. 먼저 해야 할 것은 만만하게 만드는 것이다. 책을 쓰기 시작하기 전에 구조를 만드는 것이라 생각하면 된다. 책 한 권을 쓸 정도의 원고분량은, A4 기준(10포인트, 줄 간격 160%) 약 100매 정도면 보편적으로 가장 많이 쓰는 신국판 판형(가로 153mm, 세로 225mm) 기준으로 대략 220~260페이지 분량의 책을 만들 수 있다. 보통은 5~6개 Chapter(장)에 소제목(꼭지)을 7~8개 정도 넣는다. 소제목(꼭지) 옆에 넣을 사례나 정보를 2~3개씩 적으면 된다.

소제목(꼭지) 당 아래아 한글로 A4 2.5페이지씩 쓴다고 생각하면 된다. 1개 소제목(꼭지) 당 A4 2.5페이지면, 1개 Chapter(장)에 20페이지, 5개 Chapter(장)으로 구성된 책을 쓰면 A4 100페이지가 된다. 한 권 책으로 만들기에 충분한 분량이다. 마지막으로 마감기한이 언제까지인지 적으면 원고 집필 계획서가 완성된다.

• (예시) [제목: 60일 만에 책 쓰기] 집필 계획서

Chapter(장)	소제목(꼭지)	사례/정보	마감기한
책 쓰기로 제2의 삶을 살아라	책 쓰기는 당신의 인생을 바꿀 수 있다	1. ······ 2. ······	~4/5
	어렵다고 겁먹지 말아요	1. ······ 2. ······	~4/6
	오래된 상처를 치유하라	1. ······ 2. ······	~4/7
	누군가에게 위로와 힘이 되다	1. ······ 2. ······	~4/8
	달라진 나를 볼 수 있다	1. ······ 2. ······	~4/9
	내 인생의 최고의 공부법	1. ······ 2. ······	~4/10

이렇게 집필 계획서를 만들 때 완벽하게 작성할 필요는 없다. 어차피 책을 쓰다 보면 순서가 뒤바뀌기도 하고 어떤 소제목(꼭지)

은 바뀔 수도 있고, 어떤 소제목(꼭지)은 합쳐지기도 하고 없어지기도 하기 때문이다. 집필 계획서의 목적은 대강의 얼개를 만들려고 하는 것이다.

집필 계획서를 만들어 놓으면 그다음 뭘 해야 할지 생각이 정리된다. 조급하게 완성하려 하지 말고 표를 만들어 출력해서 들고 다녀라. 썼다 지웠다 하면서 채워 넣다 보면 내 책의 원고를 어떤 방향으로 쓸지 정해진다. 이것이 웬만큼 완성되면 전체를 생각하지 말고 소제목(꼭지) 하나에 넣을 사례나 정보를 찾으면 저절로 글이 써지기 시작한다. 하나의 소제목(꼭지)의 글을 쓰고 또 하나의 소제목(꼭지)의 글을 쓰다 보면 어느새 원고가 차곡차곡 쌓이게 된다. 그다음은 속도만 더 붙이면 된다.

| 책 쓰기 TIP | 하루에 얼마나 써야 하나?

하루에 얼마의 원고를 써야 하는지 정해진 건 없지만 책 한 권을 쓸 정도의 원고 분량은, A4 기준 약 100매 정도이므로 60일 안에 쓰는 걸 목표로 했으면 하루에 2.5페이지 정도 쓴다고 생각하면 된다.

일반적인 책이 보통 5장으로 구성되어 있고, 장은 보통 8개의 꼭지로 구성이 되어 있다. 그러면 책 한 권에 총 40개 꼭지가 나오는데 그러면 한 꼭지당 A4 기준 2.5페이지 쓰면 된다. 매일 써야 하는데 직장인이나 사업으로 바쁘신 분들은 회식이 잡히거나 하면 그날은 많이 쓰기 힘들다. 그런 날을 고려해서 매일 한 꼭지는 쓴다고 생각하면 된다.

무엇보다 중요한 건, 본문 쓰기라는 부담감을 조금이라도 줄이려면 '하루에 한 꼭지씩 쓰기'로 계획을 잡는 것이 좋다.

30일차 글쓰기 방법

Q : 이해하기 쉬운 좋은 글쓰기 방법은 무엇인가요?
A : 말하듯이 쓰세요.

책 쓰는 것을 어려워하는 사람들이 많은데, 잘 생각해 보면 책 쓰는 것은 절대 어려운 일이 아니다. 자신이 생각한 것을 다른 사람에게 전달하려고 말을 한다. 이렇게 전달한 말을 글로 쓰면 책이 되는 것이다. 억지로 많은 미사여구와 화려한 문체, 내용도 거칠게 쓰는 사람이 많다. 게다가 많은 사람이 책 쓰기를 배울 때 마치 정답이라도 있는 것처럼 인식하는 경우도 있다. 책을 잘 쓰려면 어떻게 해야 한다고 들은 것이 있어서 자신 말투와는 무관하게 글을 쓰는 경우가 있는데 이런 글은 부자연스럽다.

> **Executive Summary**
> 이해하기 쉬운 좋은 책 쓰기 법칙: 말하듯이 쓴다.
> ① 쓴 글을 소리 내어 읽어 봐야 한다.
> ② 뜻이 명확하게 잘 전달되어야 한다.

실제로 만나서 대화하면 말은 부드럽고 근사한데, 실제로 그 사람이 쓴 글은 딱딱하고 의외로 거친 경우가 많다. 말과 글이 다른 사람이 꽤 많다. 자신의 톤으로 생각과 느낌을 책으로 써야 하는데 책 쓰는 법이라며 배운 짧은 문장이나 어색한 미사여구를 쓰다 보니 글이 부자연스러워진다. 글이라는 것은 본디 잘 쓰기 위해 존재하는 것이 아니다. 자신 생각을 자신 어투로 표현하려고 존재하는 것이다. 먼저 말하듯 책 쓰는 연습을 하고, 그 후에 좀 더 잘 쓰기 위한 방법을 차근차근 연습하는 게 좋다.

"사람들이 글쓰기를 어려워하는 것은 글이 말과는 다르다고 알고 있기 때문이다. 말을 글자로 적어놓은 것이 글일 터인데, 글이 말에서 멀어져 말과는 아주 다른 질서를 가진다는 것은 매우 좋지 못한 현상이다. 더구나 말을 소리 나는 대로 적게 되어 있는 우리글이 우리말에서 멀리 떨어져 나가 있다면 아주 크게 잘못된 일이다." - 이오덕 저,《우리글 바로쓰기 1-5》, 한길사, 2009

우리말과 글을 지키기 위해 힘쓰셨던 이오덕 선생님이《이오덕 우리글 바로쓰기 1》에서 한 말이다. 읽기 좋은 글이 좋은 글이라고 생각한다. 좀 더 정확히 이야기하면 소리 내어 읽기 좋은 글이 좋은 글이라고 생각한다. 소리 내어 읽기 좋다면 당연히 눈으로도 읽기 좋다. 입으로 소리 내어 읽어 좋은 글이 진짜 좋은 글이다.

그럼 읽기 좋은 글은 어떻게 쓸 수 있을까? 그 방법은 글을 말하듯 쓰는 것이다. 누군가가 내 글을 읽었을 때, 내가 앞에서 말하는 것처럼 들리길 바란다. 마치 내가 독자 앞에서 말하는듯한 느낌을 받길 원한다. 가끔은 독자가 내 앞에 있다고 상상하면서 쓴 적도 많다. 말하듯 글을 쓰기 위해서는 내가 쓴 글을 읽고 또 읽는다. 읽다가 멈춰지는 구간이 있다면 그 부분을 매끄럽게 다듬고 수정한다. 책을 쓸 때는 매 한 소제목(꼭지)을 쓰고 나서 크게 소리 내서 읽어본다. '글이면 다 똑같은 글이지 읽기 쉬운 글이 따로 있나?', '태어나서부터 한글을 읽고 쓰고 했는데 읽기 어려운 글이 있나?' 이런 생각을 가지기 쉽다. 현실은 그렇지 않다. 누구나 다 그런 경험이 한두 번씩은 있었을 것이다. 책을 읽긴 읽었는데 도무지 이해가 가지 않아서 다시 또 읽은 책이 있을 것이다. 도무지 이해가 가지 않아 책을 접어 좌절한 경험. 이런 책은 독자의 외면을 받을 수밖에 없다. 우선 이해하기 어렵기 때문에 마음을 움직이지 못하고 공감도 얻지 못한다.

그러면 책을 쓸 때 이해하기 쉬운 글쓰기 방법은 무엇일까?

① 쓴 글을 소리 내어 읽어봐야 한다.

소리 내어 읽어보면 잘 읽히지 않고 읽은 소리가 듣기도 불편하면 좋은 글이 아니다. 읽기 어려운 부분을 수정하고 다듬고 다시 읽어라. 듣기 좋다면 좋은 글로 바뀐 것이다.

② 뜻이 명확하게 잘 전달되어야 한다.

소리 내어 읽었지만 뜻이 분명하게 전달되지 않고 이해가 되지 않는다면 좋은 글이 아니다. 뜻이 분명하게 전달되지 않는 부분을 수정하라. 다시 읽었을 때 뜻이 분명하게 전달되면 좋은 글이 된 것이다.

책 쓰기를 어린 자녀나 친구에게 말하듯 쓰면 두 가지를 억지로 생각하지 않아도 좋은 글을 쓸 수 있다. 어린 자녀에게 새로운 것을 설명한다고 생각해 보자. 어린 자녀는 아무것도 모르기 때문에 아이 눈높이에 맞춘다. 쉬운 단어를 사용하고 이해가 잘될 수 있게 설명한다. 또 설명한 내용이 잘 전달되고 이해했는지 물어보면서 말하게 된다. 친구에게 설명할 때도 마찬가지다. 친구가 아무것도 모르는 상황이라면 말한 것을 하나하나 확인하면서 이해하기 쉽게 설명하려고 노력할 것이다. 아무것도 모르는 상황이 아니고 어느 정도 기본 지식이 있다면 쉽고 짧게 말하게 된다. 이렇게 말한 내용을 글로 바꾸면 사람들이 이해하기 쉬운 좋은 글, 훌륭한 글이 되는 것이다. 좋은 글, 훌륭한 글은 말하듯 글을 쓰면 된다. 그러면 읽는 사람들이 쉽게 이해를 하고 뜻이 명확하게 잘 전달된다.

 |책 쓰기 TIP| 매일 책을 쓸 수 있는 방법 → 하루 일과에 책 쓰기 넣기

영감이 떠오를 때 노트북을 들고 글을 쓰면 된다고 쉽게 생각하면 절대 안 된다. 이런 생각으로는 책 쓰기가 어렵다. 대신 하루 일과에 책 쓰기 시간을 정하자.

·자신이 가장 정신이 맑은 시간을 정하자.

예) 05:00~07:00 책 쓰기, 20:00~21:30 책 쓰기 등 자신에 맞는 시간을 정하자.

·책 쓰기 시간을 정하면 다른 일을 할 수 있는 시간이 줄어든다. 그런 시간 투자 없는 책 쓰기는 어려워진다. 시간을 효율적으로 사용하면 책을 쓸 시간은 충분히 많다.

31일차 KISS 법칙

Q : 명확하게 내용을 전달하려면 어떻게 해야 하나요?
A : KISS(Keep It Short and Simple) 법칙을 참고해 간결, 단순, 명확하게 쓰세요.

Executive Summary

책은 KISS (Keep It Short and Simple) 법칙을 참고해 간단하고 명확하게 써라.

① 간결함 : 불필요한 반복을 피하고, 뺄 수 없는 내용만으로 간결하고 문장은 짧게 써라.

② 단순함 : 초등학생도 이해할 문장이 되어야 한다.

③ 명확함 : 애매모호한 단어나 표현을 피하고, 독자가 읽는 순간 명확하게 이해할 수 있어야 한다.

KISS 법칙[10]은 'Keep It Short and Simple' 또는 'Keep It Simple, Stupid'의 머리글자를 딴 것으로 ' 바보야, 간단하게 설명해'라는 의미다. 이 법칙은 원래 록히드 사(社) 기술자인 켈리 존슨이 주장한

---

10) KISS 법칙 : KISS(키스)는 "Keep it small and simple.", "Keep it short and simple.", 또는 "Keep it simple, stupid."의 첫 글자만 따서 만든 약어로, KISS 원칙이란 디자인에서 간단하고 알기 쉽게 만드는 편이 좋다는 원리를 말한다. 1960년에 미국 해군이 고안한 디자인 원리이다. 또한 프로그래머들 사이에 많이 통용되는 격언이다. 이 디자인 원리는 간단하고, 나중에도 쉽게 이해되는 해결 방법을 최적의 해결책으로 생각한다. KISS는 과학 이론에서 있으나 없으나 차이가 없는 불필요한 가정은 잘라내야 한다는 오컴의 면도날 원칙과도 맞닿아 있다.

것으로, 항공기 설계팀의 감독이었던 그는 제트기가 전투 중 고장이 나더라도 일반 수리 기구로 고칠 수 있게 간단하게 설계해야 한다는 의미에서 나왔다. 최근에는 소프트웨어를 설계할 때 쓰이는 3대 원칙 중 하나다. 코딩을 할 때도 되도록이면 간단하게 단순하게 만들라는 의미로 쓰이고 프로그래머 사이에서도 통용되는 원칙이다. 과학 분야에서 불필요한 가정은 과감히 잘라내라는 '오컴의 면도날 원칙'과 비슷하다.

책 쓰기와 관련해서 'KISS 법칙'은 무엇보다 간단하고 명확하게 쓰는 것을 말한다. 누가 봐도 이해하기 쉽고 가장 효율적으로 전달되는 책 쓰기 위한 핵심 원칙이다. 점점 더 복잡하고 바쁜 세상을 살아가면서 간단명료한 것만큼 중요한 것도 없다.

앨버트 아인슈타인은 "할머니에게 설명할 수 없다면 당신은 제대로 이해한 게 아닙니다."라는 말을 했다. 짧게는 기본이고 초등학생도 이해할 글을 쓰는 것이 좋다. 누구나 쉽게 이해할 글을 쓰는 것이 가장 잘 쓰는 것이다. 내용이 좋으면 꾸밈없고 다소 투박해도 독자는 진정성을 느끼고 좋아한다.

최근 비즈니스 현장에서는 효율적인 회의 진행 및 커뮤니케이션을 위해 'Keep It Short and Simple' 혹은 'Keep It Simple and Straightforward'로 변형하여 활용하고 있다. '짧고 간단히' 혹은 '간단하고 솔직하게' 커뮤니케이션하는 것이 효율성과 효과성을 동시에 높여줄 수 있다. 광고 카피처럼 때로는 한 문장, 단어 하나가 긴 글보다 감동적이고 더 힘 있게 다가오는 경우가 많다. 오히려 글이 길면 초점이 흐려진다. 독자로 하여금 말하고자 하는 핵심이 무엇인지 파악하기 어렵게 할 공산이 크다. 독자는 긴 글이나 장황한 말 속에서 핵심이 되는 한 단어, 한 문장만 기억할 뿐이다. 책을 쓸 때는 그 문장을 찾아내야 한다.

최근 현대인은 바쁜 일상 속에서 쫓기듯 산다. 그만큼 복잡하고 세상은 끊임없이 바쁘게 변하고 있다. 이런 시대에 무엇보다 독자의 수고와 시간을 배려하는 것이 중요하다. 큰 감동도, 유익도, 시사점도, 재미도 없는 글을 긴 시간을 들여 읽게 하는 것은 도리가 아니다.

에이브러햄 링컨의 게티즈버그 연설은 단 266개 단어였다. 이곳에서 같이 연설한 당대 최고 웅변가 에드워드 에버렛은 두 시간 가까운 연설을 했다. 그러나 아무도 에버렛의 말을 기억하는 사람은 없다. 위대한 연설가들이 공통적으로 지킨 원칙이 'KISS 법칙'이다. 케네디, 처칠 등 세계적 지도자들 연설에는 진부한 표현, 과장된 문장, 전문용어, 유행어가 하나도 들어 있지 않다. 단순하고 명확한 표현으로 감동적인 연설을 했다.

그러므로 책을 쓸 때 너무 많이 담으려 하지 말고, 메시지는 되도록 세 개가 넘지 않게 하라. 많이 설명해도 소용이 없다. 좋은 글은 군더더기가 있어서는 안 된다. 글을 쓸 때는 더 넣을 것이 없나 고민하기보다는 더 뺄 것이 없는지 한 번 더 생각해야 한다. 더 이상 뺄 게 없는 글이 좋은 글이다. 짧은 글은 긴 글보다 결코 쉽지 않다. 짧은 글 속에 모든 것은 얘기해야 하고, 또한 핵심을 찔러야 하기 때문이다. 조선 후기 명문장가면서 책벌레였던 이덕무 선생은 이렇게 얘기했다.

"간략하데 뼈가 드러나지 않아야 하고, 상세하되 살찌지 않아야 한다."

'KISS 법칙'을 따르는 책 쓰기 세 가지 법칙을 정리해 보자.
① 간결함
불필요한 반복을 피하고, 뺄 수 없는 내용만으로 간결하고 문장은 짧게 써라.
② 단순함
초등학생도 이해할 문장이 되어야 한다.
③ 명확함
애매모호한 단어나 표현을 피하고, 독자가 읽는 순간 명확하게 이해할 수 있어야 한다.

32일차 어깨에 힘 빼기

Q : 책 쓰기 진도가 잘 안 나가는데 왜 그런가요?

A : 너무 잘 쓰려고 하다 보니 어깨에 힘이 너무 들어가서 그렇습니다. 어깨에 힘을 빼세요. 너무 잘 쓰려고 하지 말고, 조급해 하지 말고, 타인의 시선을 의식하지 말고 쓰세요.

야구에서 타자는 힘을 빼고 쳐야 하고, 투수는 힘을 빼고 던져야 한다. '힘을 빼야 힘을 줄 수 있다.'라는 이율배반적인 사실이 재밌다. 타자는 타석에서 손가락에 힘을 빼고 방망이를 잡는다. '타자가 방망이를 힘껏 잡고 투수를 노려봤다.'라는

> **Executive Summary**
> 어깨에 힘을 빼고 쓰는 방법
> ① 너무 잘 쓰려고 하지 마라.
> ② 조급해 하지 마라.
> ③ 타인의 시선을 의식하지 마라

문구는 현실이 아닌 극적 상황을 묘사하는 소설 속에만 존재한다. 힘을 뺀다는 건, 부드러움과 연결된다. 타자는 스윙 할 때 100% 힘이 아닌 80% 힘으로 스윙을 만들어야 한다. 그게 타격 기술이다. 두산 양의지 선수가 대표적인데 그의 스윙은 부드럽다. '툭'하고 치는 것 같은데 종종 타구가 펜스를 넘어간다. 힘으로 치는 타자와는 다르다.

골프 황제 타이거 우즈가 슬럼프에 빠져 있을 때, 힘껏 스윙을 하면 골프공은 러프로 향한다. 반면 80% 정도 힘으로 치면 페어에 안착한다. 많은 아마추어 골퍼들이 경험하는 부분이다. 연습장에서 칠 때는 곧바로 잘 날아간다. 그런데 라운딩만 나가면 타구가 휜다. 프로와 아마추어를 가리지 않고 욕심과 힘이 들어가면 타구는 방향을 잃는다. 타자가 홈런을 칠 때, 부드럽게 치면서 펜스를 넘겨야 진짜 자기 실력이라고 한다. 힘껏 쳐서 넘기는 경우도 있지만, 밸런스와 스윙궤적, 정확성 등이 전체적으로 어우러져 나오는 장타가 진짜 실력으로 친 홈런이다. 홈런 전설로 남은 베이브 루스, 행크 아론, 베리 본즈는 타고난 장사(壯士)였다. 그러나 그들은 그 힘만 가지고 홈런을 만들지 않았다. 국내프로야구에서는 국민타자 이승엽이 대표적이다.

돌이켜 보면 내가 처음에 책을 쓸 때도 힘을 빡 주고 하는 야구 같았던 게 아닐까 싶다. 문장을 잘 쓰려고 한참을 씨름했다. 세상 진지한 것은 본인만 아는 것 마냥 거창한 주제를 잡았다. 책을 쓰는 게 즐겁기보다는 힘들고 지쳤다. 사실 야구도 힘을 뺄 줄 알면, 야구는 재밌는 것이 된다. 책 쓰기도 마찬가지다. 어깨에 힘을 빼고 쓰면 된다. 좀 서툴게 쓰더라도 즐겁게 쓰면 된다. 그렇게 쓰다 보면 언젠가는 나만의 책이 완성될 것이다.

야구나 골프를 예를 들어서 책 쓰기는 다른 분야라고 말하는 분도 있을 것이다. 그러나 그렇지 않다. 셰익스피어 이후 가장 위대한 극작가라는 평을 받은 조지 버나드 쇼가 밤새 집필 작업을 마치고 새벽녘에 잠이 들었다. 그의 부인이 들어와 원고를 읽고는 이렇게 말했다.

"당신 글은 쓰레기에요!"

노벨문학상을 받은 작가의 글을 보고 쓰레기라니! 아무리 초고라도 말을 너무 심하게 한 것 같았다. 다음 문장을 보며 그가 왜 가장 위대한 극작가인지 깨달았다.

잠에서 깬 조지 버나드 쇼는 능청스럽게 답했다.

"맞아, 하지만 일곱 번 교정한 후에는 완전히 달라져 있을 거야."

많은 예비 작가들이 초고와 퇴고를 동시에 한다. 그렇다고 한 번에 완벽한 글이 나오면 좋은데 그렇게 되지 않는다. 초고도 엉성해지고 고친 글도 엉성해진다. 당연히 책 한 권에 필요한 A4 100장은 꿈도 꾸지 못한다. 금세 지쳐 포기한다. 그래서 중요한 것은 어깨에 힘을 빼고 초고를 쓰는 일이다. 퇴고는 그 이후에 고민하면 된다. 초고를 다 쓰고 나서 편집하면 된다. 퇴고할 기회는 충분히 있다. 최고의 작가가 쓴 초고도 처음엔 형편없었다. 조지 버나드쇼도 7번 퇴고를 하고 노벨문학상을 받은 작가가 되었다. 쓰고 나서 편집하면 된다. 고칠 기회는 얼마든지 있다.

작가가 되고 싶다면 일단 초고를 완성해야 한다. 그래야 나의 글이 책으로 탄생할 수 있다. 당신이 작가가 되고 싶다면 초고를 완성하라. 아무리 형편없더라도 말이다. 나중에 퇴고하면 된다. 노벨상을 받은 세계적인 작가인 초고가 이 정도라면, 예비 작가 초고는 수준이 어느 정도여야 할까? 어깨에 힘을 빼고 써도 되지 않을까? 그러면 어깨에 들어간 힘을 빼는 방법은 무엇이 있을까?

① 너무 잘 쓰려고 하지 마라.

너무 잘 쓰려고 하면 단 한 줄도 쓸 수 없다. 잘 쓰려는 부담감이 스스로를 압박하기 때문이다. 사실보다 과장해서 표현하려는 마음, 거짓으로 예쁘게 꾸미려는 마음, 자기 과시 등이 부담감을 만드는 것이다.

② 조급해 하지 마라.

너무 급하게 책을 쓰려고 하지마라. 한 꼭지에 한 가지만 이야기하면 된다. 너무 조급해하지 마라. 조급하다는 것은 본인을 믿지 못한다는 말이다. 믿음을 가지고 자신의 속도로 꾸준히 글을 쓰면 된다. 한 번에 하나씩 글을 쓰면 된다.

③ 타인의 시선을 의식하지 마라.

타인 칭찬에 너무 좋아하지 말고, 타인 비판에 너무 의기소침해하지 마라. 좋은 책을 쓰려면 먼저 교만한 마음을 버려야 한다. 좋은 책이란 감동을 주는 책인데 잘난 척해서는 감동을 줄 수 없다.

Q : 첫 문장을 쉽게 쓰는 방법이 있나요?
A : 첫 문장 쓰기 팁을 활용해 사회적인 분위기, 명언, 속담, 자신의 경험, 현재 상황, 사람들의 바람(소망), 질문으로 첫 문장을 쓰세요.

첫 문장이 모든 것을 결정한다. 그러므로 첫 문장에 공을 들여야 한다. 그렇다면 첫 문장을 어떻게 시작할 것인가? 첫 문장의 가장 중요한 기능은 독자를 유혹하는 것이다. 어떻게 독자를 유혹할 첫 문장을 쓸 수 있을까? 첫 문장은 오디션 프로그램에 나온 상황을 상상하면 이해가 쉽다. 단번에 독자를 사로잡아야 한다. 그러려면 독자의 흥미를 끌 만한 무언가가 있어야 한다. 독자가 궁금증을 자아내게 해야 한다.

Executive Summary

첫 문장 쓰기 쉬워지는 팁
① 사회적인 분위기로 시작하라.
② 명언, 속담으로 시작하라.
③ 자신의 경험으로 시작하라.
④ 현재 상황을 설명하면서 시작하라.
⑤ 사람들의 바람(소망)으로 시작하라.
⑥ 질문으로 시작하라.

마음을 울리는 베스트셀러 소설 첫 문장을 보자. 이미 책을 읽은 사람은 다시금 작품의 여운을 느끼게 하고, 안 읽은 사람은 책을 읽고 싶어지게 만드는 매력이 있다.

① 행복한 가정은 서로 닮았지만, 불행한 가정은 모두 저마다의 이유로 불행하다. 《안나 카레니나, 레프 톨스토이》

② 재산깨나 있는 독신남이 아내가 꼭 필요할 것이라는 점은 누구나 인정하는 보편적인 진리이다. 《오만과 편견, 제인 오스틴》

③ 내면의 풍경이란 게 있다. 영혼의 지형이랄까. 우리는 평생토록 그 지형의 등고선을 찾아 헤맨다. 《데미지, 조세핀 하트》

④ 버려진 섬마다 꽃이 피었다. 《칼의 노래, 김훈》

⑤ 모든 아이들은 자란다. 한 사람만 **빼고.** 《피터팬, 제임스 매튜 배리》

⑥ 나는 내 아버지의 사형집행인이었다. 《7년의 밤, 정유정》

⑦ 지금보다 어리고 쉽게 상처받던 시절 아버지는 나에게 충고를 한마디 해주셨는데, 나는 아직도 그 충고를 마음속 깊이 되새기고 있다. 《위대한 개츠비, F.스콧 피츠제럴드》

⑧ 롤리타, 내 삶의 빛, 내 허리의 불꽃, 나의 죄, 나의 영혼. 롤-리-타. 《롤리타. 블라디미르 나보코프》

⑨ 때로는 크리스마스에도 악마 같은 아이가 태어난다. 《나의 라임 오렌지나무, 조제 마우루 지 바스콘셀루스》

⑩ 그는 멕시코 만류에서 조그만 돛단배로 혼자 고기잡이를 하는 노인이었다. 여든 날 하고도 나흘이 지나도록 고기 한 마리 낚

지 못했다.《노인과 바다. 어니스트 헤밍웨이》

⑪ 이것은 가장 어린 부모와 가장 늙은 자식의 이야기다.《두근두근 내 인생, 김애란》

⑫ 나는 아무것도 아니다. 그날 저녁 어느 카페의 테라스에서 나는 한낱 실루엣에 지나지 않았다.《어두운 상점들의 거리, 파트릭 모디아노》

⑬ 박제가 되어버린 천재를 아시오?《날개, 이상》

⑭ 어느 날 내가 죽었습니다. 내 죽음의 의미는 무엇일까요?《어느 날 내가 죽었습니다, 이경혜》

⑮ 우리는 모든 것을 갖고 있었고, 아무 것도 갖지 못하기도 했다. 우리 모두는 천국으로 향하고 있었고, 또 반대로 가고 있었다.《두 도시 이야기, 찰스 디킨스》

⑯ 그에게 언제나 비누냄새가 난다.《젊은 느티나무, 강신재》

⑰ 나는 2009년 이른 봄에 죽었다. 그렇게 믿는다. 아닌가. 어쩌면 겨울이 가기 전에 죽었는지도 모른다.《은교, 박범신》

⑱ 엄마를 잃어버린 지 일주일째다.《엄마를 부탁해, 신경숙》

⑲ 지금 살아있는 모든 사람들의 등 뒤에는 30명의 유령들이 서 있다. 지금까지 죽은 사람과 살아 있는 사람의 비율이 바로 30대 1이기 때문이다.《2001 스페이스 오디세이, 아서 C.클라크》

⑳ 유니스 파치먼은 읽을 줄도 몰랐기 때문에 커버데일 일가를 죽였다.《활자 잔혹극, 루스 렌들》

첫 문장 쓰기 쉬워지는 팁을 알아보자.

① 사회적인 분위기로 시작하라. (7, 15)

② 명언, 속담으로 시작하라.

③ 자신의 경험으로 시작하라. (1, 2, 6, 11, 12, 16, 17, 20)

④ 현재 상황을 설명하면서 시작하라. (3, 4, 5, 9, 10, 18, 19)

⑤ 사람들의 바람(소망)으로 시작하라. (8)

⑥ 질문으로 시작하라. (13, 14)

앞에서 살펴본 20권의 베스트셀러도 다 '첫 문장 쓰기 쉬어지는 팁' 여섯 가지 안에 들어있다.

34일차 결론 쓰기

Q : 여운 있는 결론은 어떻게 쓰나요?

A : 주제를 요약하고, 짧고, 일관성 유지하며, 여운을 남기게 쓰세요.

시작 못지않게 중요하고 시작만큼, 아니 어쩌면 그보다 훨씬 어려운 일이 마무리가 아닐까? 그냥 끝내는 것은 어렵지 않다. 그러나 잘 마무리하는 것은 어렵다. 글 시작도 참 망설여지지만 마무리를 할 때도 막막하다.

> **Executive Summary**
> 여운 있는 결론 쓰는 법
> ① 주제를 간결하게 요약
> ② 짧게 쓰기
> ③ 일관성 유지
> ④ 여운 남기기

심리학에서 최신 효과(Recency Effect)[11] 라는 용어가 있다. 최근에 접한 정보나 항목을 더 잘 기억하는 경향을 말한다. 예를 들어,

---

11) 최신 효과(Recency Effect)는 심리학자 헤르만 에빙하우스(Hermann Ebbinghaus)가 기억력 실험에서 처음 발견함. 그는 목록에서 항목을 정확하게 기억하는 능력은 해당 목록에서 항목의 위치에 따라 달라진다는 것을 관찰함.

책 읽은 내용을 기억하려고 할 때, Recency effect는 마지막에 읽은 항목을 더 잘 기억할 가능성이 높다는 것을 의미한다. 독자의 기억이 가장 많이 남는 부분이다. 결론을 잘 맺어야 독자에게 좋은 기억을 남길 수 있다.

좋은 결론을 쓰기는 어렵지만 나쁜 결론을 쓰기는 쉽다. 나쁜 결론은 독자를 혼란스럽게 하거나 책에 아무런 기억을 남길 수 없다. 나쁜 결론의 사례와 유의할 점을 보자.

① 너무 길거나 장황한 결론 : 결론은 간결하면서도 명확해야 한다. 너무 많은 내용이나 불필요한 설명을 피하라. 핵심적인 내용만 간결하게 전달하라.

② 주제와 무관한 내용 : 결론은 주제와 관련된 내용을 다루어야 한다. 주제와 무관한 이야기는 피하고, 핵심적인 내용에 집중하라. '어쨌든', '아무튼' 표현은 피하라.

③ 강조되지 않은 요점 : 결론은 글의 주요 요점을 강조해야 한다. 중요한 내용을 놓치지 않게 주의하라.

④ 마무리 없이 급작스럽게 끝내기 : 결론은 글의 마무리를 의미한다. 갑작스럽게 끝내지 말고, 독자에게 인상적인 마무리를 제공하라.

⑤ 무의미한 반복 : 결론에서 이미 다뤘던 내용을 반복하지 말고, 새로운 관점이나 요점을 제시하라.

좋은 결론은 글 핵심을 간결하게 정리하고, 독자에게 강렬한 인상을 남긴다. 주제와 관련된 내용을 간결하게 정리해라. 독자가 글을 마무리할 때 인상적인 느낌을 받을 수 있게 하라. 어떻게 결론을 내야 할지, 좋게 끝을 맺는 방법은 뭐가 있을까? 좋은 결론 쓰는 방법을 보자.

① 주제를 간결하게 요약 : 주제를 정확히 생각하고 서론과 이어지게 써라.

② 짧게 쓰기 : 결론은 서론과 본론보다 짧아야 한다. 요약에 집착하지 말고, 필요한 내용만 간결하게 전달하라.

③ 일관성 유지 : 서론과 결론은 일관성 있게 연결되어야 한다. 서론과 결론에서 일맥상통하면 글 전체에 통일감을 준다.

④ 여운 남기기 : 독자가 처한 상황을 글에 대입해 볼 수 있게 명확한 설명은 피하라.

[결론 쓰기의 예시]

① 주제를 간결하게 요약 : ~라고 판단할 수 있을 것이다.(확신)

② 짧게 쓰기 : ~라 부른다. ~이다.(사실), ~하는 것이 ~이다.(정의)

③ 일관성 유지 : ~나의 생각이다.(자신의 생각)

④ 여운 남기기 : ~새롭게 열릴 것이다.(희망), 명언, 격언으로 끝내기(명언), ~하리라.(다짐), ~해보자.(청유, 부탁)

마지막으로 결론 쓰기에서 주의해야 할 점이 있다.

요약하기에 너무 집착하지 마라. 요약은 결론의 본질적 요소가 아니다. 요약이 필요할 때는 핵심을 강조한다는 생각으로 집약, 압축하여 마무리하는 것이 좋다. 또 요약을 하더라도 본론의 표현을 반복하지 않아야 한다. 가능하면 본론에서 자신이 주장한 바를 강화할 수 있는 내용이 좋다. 자신의 주장이 지닌 가치와 실천 방안, 미래의 전망을 써라. 문제 상황의 심각성과 그 해결의 시급함을 강조하는 것도 좋다. 꼭지 분량에서 차지하는 비중은 20% 정도가 적합하다. 분량을 늘리려고 같은 말은 반복하는 경우가 많은데, 결론은 글을 인상적이고 압축적으로 마무리하는 부분이다. 분량에 못 미친다고 해서 불필요한 말을 중언부언하지 않아야 한다.

서론과 결론 중 어느 쪽이 중요할까? 결말이다. 선물할 때도 포장이 중요하다. 마감이 잘 돼야 좋은 건축물인 것처럼 결론이 중요하다. 글 전체를 화려하게 꾸미지 않아도 중요한 어딘가에 포인트를 두면 빛이 난다. 포인트 위치는 아무래도 결말이 좋다.

| 책 쓰기 TIP | 한 번에 하나씩 써라.

좋은 글을 쓰려면 한 번에 하나씩 써라. 한 번에 하나씩 쓰지 않으면 독자가 헷갈려 하고 집중을 못 한다. 친구와 대화를 할 때는 이 얘기 했다, 저 얘기 했다 해도 된다. 그러나 책은 일관성 없이 쓰면 독자들이 외면한다.

35일차 개성 있는 문체

Q : 개성적인 문체는 어떻게 만들어지나요?

A : 다양한 작가의 책을 읽고, 글쓰기 연습하고, 다양한 어휘와 문법을 사용하면 자신만의 개성적인 문체가 만들어집니다.

문체는 특정한 상황이나 목적에 맞게 언어를 사용하는 스타일을 말한다. 문체는 글을 더 효과적으로 전달하고 독자와 상호작용을 조절하는 중요한 요소다. 문체는 여러 가지 이유로 생긴다.

첫 번째, 독특한 언어, 문자와 국민성에 의해서 생긴다. 동서양의 문체가 서로 다를 뿐 아니라, 같은 동양이라도 한문 문체와 한글 문체가 다르다.

> **Executive Summary**
> 자신만의 개성적인 문체를 만드는 방법
> ① 독서
> ② 글쓰기 연습
> ③ 어휘와 문법
> ※ 닮고 싶은 작가의 글을 필사하라.

두 번째, 동일한 언어, 문자라도 시대가 달라서 생긴다. 멀리 갈 필요도 없이 조선시대 우리 선조들이 쓰던 문체는 우리가 쓰는 문체와 확연히 다르다.

세 번째, 작가의 개성에 따라 생긴다. 과거에는 글 쓰는 사람도 적었고, 잘 쓰는 사람을 모방하는 수준이었다. 개개인의 문체는 따로 없었다 해도 과언이 아니다. 그러나 지금은 글을 쓰는 사람이 많아졌다. 많으니깐 작가 자신이나 독자 모두 개성적인 것을 많이 요구하게 되었다. 모두 자기 문체를 완성하려고 의식적으로 노력하는 것이다.

　문체의 종류는 분류에 의해서 수집 가지로 나뉠 수 있지만 대체로 간결체, 만연체, 강건체, 우유체, 건조체, 화려체 등 수십 가지로 나뉜다.

　① 간결체 : 짧고 간결한 문장으로 내용을 명쾌하게 표현하는 문체를 말한다. 이 문체를 사용하면 속도감이 느껴지고, 정보를 간결하게 전달할 수 있다. 간결체는 긴 문장을 최소한의 단어로 요약하고 압축하여 표현하는 것이 핵심이다. 가독성을 높이고 필요한 내용을 간결하게 전달할 수 있다. 간결체는 작문의 기본이 되는 수사법이며, 정보 전달 글이나 뉴스 원고, 신문 기사 등에서도 많이 사용된다. 헤밍웨이와 같은 작가도 간결체를 선호하며 스타카토 스타일로 불린다. 될 수 있는 대로 요약해 적은 말로 표현한다. 한 글자 한 마디마다 바짝 조이는 맛이 있고 선명한 인상을 준다. 자칫하면 무미건조해질 위험이 있다.

　② 만연체 : 설명적인 어구를 많이 써서 문장의 호흡이 긴 문체를 말한다. 이 문체는 한 문장이 상당히 길며, 상황을 상세하고 장황하게 나타내고자 할 때 사용된다. 만연체는 다각적인 묘사로 작

가의 정취를 고스란히 독자에게 전달하고 싶을 때 주로 쓰인다. 주로 소설, 연설문, 서간문, 기행문, 일기 등에 사용된다. 정보 전달보다는 자유로운 서술 방식이 허용되는 글에서 쓰인다. 간단히 말해, 만연체는 긴 문장으로 상세한 내용을 표현하고자 할 때 사용되는 문체다.

③ 강건체 : 굳센 느낌을 주는 문체를 말한다. 매우 강렬한 어투를 특징으로 한다. 읽는 이는 전율을 느낄 수 있다. 감탄사를 쓸 때 느낌표를 사용하면 느낌이 강화된다. 강건체는 주로 연설문이나 논설문, 사설에서 사용되며, 웅대하고 장중한 느낌을 주고 굳세고 힘찬 품격을 나타낸다.

④ 우유체 : 부드러운 느낌을 주는 문체로, 주로 소설이나 동화 등에서 사용된다. 이 문체는 강건체와 대조적이다. 예를 들어, 공지영 작가 소설 《사랑 후에 오는 것들》은 우유체로 쓰여 있다. 이 문체는 여성스러우며, 글쓴이 감정과 느낌을 세세하게 전달한다.

⑤ 건조체 : 필요 없는 수식어를 넣지 않고 쓴 문체다. 정보를 충실하게 전달하는 데 효과적이며, 기사문이나 설명문 등에서 많이 사용된다.

⑥ 화려체 : 문장이 매우 찬란하고 화려하며 음악 가락을 띠고 있어 선명한 인상을 준다. 다양한 꾸밈말을 풍부하게 사용하여 생동감과 음악성을 부여하는 특징을 갖고 있다. 화려체는 각종 의인화나 의성어, 의태어 등을 많이 사용하기 때문에 읽을 때 머릿속에서 연상하기 좋다. 또한 화려한 꾸밈말이 많기 때문에 만연체와 함

께 사용되는 경우가 많다. 화려체는 감성적인 면을 강조하기 좋아 작가가 자신 영감을 표현하거나 감정을 전달하고 구사하는데 탁월하다.

"문체는 곧 그 사람이다"라는 뷔퐁의 비평적인 언급은 문체 중 요성을 암시한 말이다. 곧 작가는 언어의 마술사가 되어야 한다. 작가의 특이성으로서 문체란, 그가 체험이나 인식을 느끼고 조작 하는 방법을 우리에게 드러내 주는 것이다.

작가는 누구나 작품 주제에 적합하고 합당한 문체를 선택하려 고 노력해야 한다. 그러한 작가의 언어 선택이 곧 어투다. 어투는 구체적으로 문장, 톤 등으로 구체화된다. 특히 문체에 드러난 작가 의 정감 태도인 톤에서도, 작가의 개성은 뚜렷이 드러난다.

자신만의 개성적인 문체를 만드는 방법은 세 가지다.

① 독서 : 다양한 작가들 작품을 읽고, 다른 문체를 경험해 보라. 다양한 스타일을 익히면 자신만의 문체를 찾는 데 도움이 된다.

② 글쓰기 연습 : 자주 글을 쓰는 것이 중요하다. 일상적인 일기 부터 시, 수필, 소설 등 다양한 형식으로 글을 써보라.

③ 어휘와 문법 : 다양한 어휘와 문법을 사용해 보라. 간결하게 표현하거나, 복잡한 문장을 만들어보는 등 다양한 스타일을 시도 해 보라.

　자신만의 개성적인 문체를 만드는 데 시간이 오래 걸린다. 빠른 시간에 문체를 만들고 싶으면 좋은 방법이 있다. 닮고 싶은 작가 글을 필사하는 것이다. 그 작가 글의 특징을 잡아낸다. 이런 작업을 계속 반복하면 자기가 본받고 싶은 작가 문체와 닮게 된다. 필사는 천천히 하라. 구두점 하나까지 그대로 다 베껴야 한다. 저자가 어떤 의도로 썼는지 생각해 가며 필사하라. 펜으로 직접 써보면 무슨 의미인지 금방 이해가 될 것이다.

　책 쓰기 과정 5주 차가 지났다. 책 쓰기 과정에서 중간에 그만두는 이유는 다양하다. 지금은 생성된 내용을 조직하고 구조화하는 것이 어려울 수 있다. 다음에 배울 PREP 쓰기로 그 어려움을 없애자. 책 쓰기에도 정말 효율적인 방법이 있다.

36일차 PREP 쓰기 1

Q : 책 쓰기 기술적 방법이 있나요?
A : 네. PREP(Point - Reason - Example - Point)로 써 보세요.

> ### Executive Summary
>
> PREP 책 쓰기 방법 1
> ① P(Point): 핵심 내용을 주장한다.
> ② R(Reason): 주장을 뒷받침하는 근거로 이유를 설명한다.
> ③ E(Example): 근거를 증명하는 예를 제시한다.
> ④ P(Point): 내용을 강조한다.

고대 그리스 스토아학파는 논쟁과 토론에서 살아남기 위해서 변론술을 발달시켰다. 괴변이 난무하여도 상대를 말로써 이기는 데 목적을 두었다. 이후 아리스토텔레스는 상대를 설득할 수사학을 완성하였는데 이게 프렙(PREP)이다. 그 결과 프렙은 연설에서 강력한 효과를 발휘하여 '인류 최고의 설득술'로 각광을 받았다. 영국의 처칠이 애용한 연설법이기도 하다.[12]

PREP의 탄생은 미국 남캘리포니아 대학의 스파크 교수가 아리

---

12) 임재춘,《쓰기의 공식 PREP》, 반니, 2019, 57쪽

스토텔레스부터 현대 작가의 모든 고전을 정리하여 만든 그레이트북스 시리즈 60권에서 소설을 제외하고, 내용을 효과적으로 잘 전달하는 작품을 분석한 결과다. 이 작품들의 공통점은 '주장 - 근거 - 증명 - 주장'의 구조다. 이를 바탕으로 만든 것이 PREP이다.

PREP은 'Point - Reason - Example - Point'의 약자로, 논리적으로 요점을 말하고 그 요점에 이유를 설명하고 사례와 근거를 들어 다시 결론을 내는 방식을 말한다. 이 기법은 주장이나 설득 시에 사용되며, 일상생활에서도 이유를 말하고 주장을 말하는 경우에 자주 사용된다. 비즈니스에서는 두괄식으로 말하는 경우가 많은데, 설득하려면 주장에 이어 이유와 사례를 말하는 구조가 유리하기 때문이다.

PREP 글쓰기는 이처럼 단순하고 기억하기 쉽다. 또한 가장 중요한 핵심을 양괄식, 가장 먼저 말하고 끝에 다시 말함으로써 효과적으로 중심 내용을 전달할 수 있다. 게다가 이유와 근거를 연달아 제시함으로써 설득력이 높아진다.

기억하기 쉬운 구조를 가진 PREP 책 쓰기는 쓰기 쉽다. 책 쓰기는 아주 복잡하고 고차원적인 의사 결정 과정이다. 수없이 많은 과정을 거쳐야 하나의 문장이 나온다. 이럴 때 책 쓰기 구조마저 복잡하다면, 책을 쓰기 어렵다. 단순하고 기억하기 쉬워 책을 쓸 때 자연스럽게 떠올라 책 쓰기에 적용할 수 있다. 나도 PREP 구조를 학습한 후부터는 무조건 Point(주장)부터 쓰려는 습관이 생겼다. 내가 제일 하고 싶은 말이 뭐지? 생각하면 글은 모두 쓴 것이나 다름없다. 그다음부터는 자연스럽게 글이 이어진다.

PREP 책 쓰기는 구조가 정해져 있기에 논리적이다. 글에서 중요한 통일성과 일관성을 자연스럽게 지켜준다. 가장 중요한 내용을 가장 먼저 제시했기 때문이다. 구조 자체가 논리적이고 독자 또한 구조를 알면 글 내용을 유추할 수 있어서 가독성도 높아진다. 가독성이 높아지니깐 자연스레 커뮤니케이션이 효과적으로 이루어진다.

[PREP 책 쓰기]
① P(Point) : 핵심 내용을 주장한다.
② R(Reason) : 주장을 뒷받침하는 근거로 이유를 설명한다.
③ E(Example) : 근거를 증명하는 예를 제시한다.
④ P(Point) : 내용을 강조한다.

《150년 하버드 글쓰기 비법》(송숙희, 유노북스, 2018)은 설득력 있는 글쓰기 비법으로 오레오(OREO)를 제시했다. OREO는 Point(핵심 내용)가 Opinion(저자 의견)으로 대체된 PREP이다.
[Opinion - Reason - Example - Opinion]

우리는 잘 인지를 못했지만 어린아이도 PREP을 이용해 말을 하고 있다.

P(Point) : 밥 줘

R(Reason) : 배고파

E(Example) : 굶어 죽을 지경이야

P(Point) : 빨리 줘

PREP은 글쓰기 공포를 없애준다. 일단 내가 하고 싶은 말을 찾고 P(주장)을 먼저 쓰게 함으로써 두려움과 막막함을 극복할 수 있다. PREP 구조로 책을 쓰면 쉽게 글이 써진다.

 |책 쓰기 TIP| 책 쓰기 원고 분량을 늘리는 법 → 수정 걱정하지 말고 글을 써라.

정해진 시간 안에 책을 쓸 때 내용이 좋은지, 어떻게 수정해야 할지 걱정하지 마라. 글을 계속 쓰는 것이 가장 중요하다. 책을 완성하려면 빠르게 글을 쓰고 천천히 수정하라. 지금은 수정에 대한 걱정 하지 말고 책 쓰기에만 집중하라.

성격상 꼭 수정을 해야 하는 작가라면, 책 쓴 후 짧은 시간을 배분해서 수정하라. 예를 들어 하루에 한 꼭지를 쓰는데 2시간 정도 걸린다고 하면, 100분은 책을 쓰는데 쓰고, 마지막 20분은 수정하라.

37일차 PREP 쓰기 2

Q : 내용이 복잡해지면 어떻게 하나요?

A : PREP 책 쓰기의 다양한 형식을 활용해 쓰면 됩니다.

> ### Executive Summary
> PREP 책 쓰기 방법 2
> ① PREP 단순형 [P-R-E-E-E-P]
> ② PREP 계층형 [P-(R1-E1)-(R2-E2)-(R3-E3)-P]
> ③ PREP 대비형 [P1-R1-E1-P1 그런데(반면에, 그럼에도 등) P2-R2-E2-P2]

PREP 책 쓰기 방법에는 세 가지 형식이 있다. 단순형, 계층형, 대비형이 있다.

① PREP 단순형 [P-R-E-E-E-P]

내가 쓰려고 하는 글의 내용이 복잡해지면 PREP의 다양한 형식을 활용하면 된다. PREP은 주제가 제일 앞에 나오는 두괄식이다. 마지막에 주제를 한 번 더 강조해 주는 양괄식이기도 하다. 글을 쓰다 보면 예시를 많이 들어야 하는 경우가 생긴다. 그러면 PREP 단순형 P-R-E-E-E-P 방식으로 글을 쓰면 된다.

《테크니컬 라이팅 핸드북》의 예시 문단을 보자. P-R-E-E-E-P의 구조를 가지고 있다.

(예시) PREP 단순형

석유를 탐사하는 산술은 가혹하다.(P) 과학적인 온갖 탐사 방법에도 불구하고 땅속에 석유가 확실히 있다고 확신하는 유일한 방법이 우물을 뚫는 것이기 때문이다.(R) 석유 우물 하나 뚫는 평균 비용이 30만 달러를 초과하고, 종종 800만 달러를 초과하는 것도 있다.(E) 그리고 한 번 우물을 뚫어도, 석유가 있을 확률은 8분의 1밖에 되지 않는다.(E) 석유 밭이 발견되었다 하더라도, 4개의 구멍 중 하나는 마른 구멍인데 이는 매장량이 불확실하기 때문이다.(E) 석유 채굴업자는 마크 트웨인이 언급한 "포커게임에서 에이스 네 장을 쥔 기독교인의 조용한 확신"을 결코 알 수 없다.(P)

② PREP 계층형 [P - (R1-E1) - (R2-E2) - (R3-E3) - P]

주제를 뒷받침하는 근거로 이유 세 개를 대고, 각각의 이유에 대해서 예를 들어 증명하는 경우는 어떻게 쓰는지 보자.

이런 글을 써야 하는 경우는 PREP 계층형[P - (R1-E1) - (R2-E2) - (R3-E3) - P]으로 써라. 라면을 좋아하는 이유에 대해서 쓴 예시를 보자.

(예시) PREP 계층형

나는 라면을 좋아한다.(P) 맛있기 때문이다.(R1) 한국 라면은 매워서 중독성이 있다.(E1)

그리고 싸기 때문이다.(R2) 편의점에서 2,000원도 안 한다.(E2)

마지막으로 빠르게 먹을 수 있다.(R3) 컵라면은 3분이면 충분하

다.(E3)

라면은 나의 가장 좋아하는 음식이다.(P)

③ PREP 대비형 [P1-R1-E1-P1 그런데(반면에, 그럼에도 등) P2-R2-E2-P2]

논쟁에서 쓰이는 구조다. 하나의 주장에 대해 PREP으로 전개한다. 대비나 반대되는 주장에 대해서도 PREP으로 전개 가능하다. 대비나 반대되는 주장 앞에 '그런데', '반면에', 또는 '그럼에도'와 같은 접속사를 활용한 대비의 신호로 삼는다.

이런 글은 P1-R1-E1-P1 그런데(반면에, 그럼에도 등) P2-R2-E2-P2 구조를 가진다.

(예시) PREP 대비형

나는 개를 좋아한다.(P1) 개는 주인을 잘 따른다.(R1) 내가 가는 곳은 어디든지 따라온다.(E1) 나는 개가 가족같이 좋다.(P1) 그런데 동생은 고양이를 좋아한다.(P2) 애교가 많고 독립심이 강하다.(R2) 고양이는 따로 돌봐주지 않아도 혼자서 잘 생활한다.(E2) 동생은 신경을 덜 써도 되는 고양이를 좋아한다.(P2)

글쓰기를 두려워하는 사람도 PREP 쓰기의 다양한 형식(단순형, 계층형, 대비형)을 활용하면 쉽게 쓸 수 있다. PREP 쓰기를 활용해 글을 쓰면 복잡한 내용도 알기 쉽게 쓸 수 있고 독자에게 정확한 내용을 전달할 수 있다.

|책 쓰기 TIP| 문장력이 뛰어난 글을 쓰는 방법

결론부터 말하면, 문장력이 뛰어난 사람만 책을 쓸 수 있는 것이 아니다. 문체가 화려하거나 맛깔스럽지 않아도 책 쓰는 데 별문제 없다. 문체나 문장력이 중요하지 않다는 말이 아니다. 자신만의 독특한 문체를 갖고 있으면 좋은 장점이다.

하지만 그것만으로 책을 완성할 수는 없다. 소설을 쓸 때는 문장력이 뛰어나면 좋은 장점이다. 우리처럼 실용적인 글쓰기를 하는 사람에게 필요한 것은 화려한 문체나 비유가 아니라 자신의 생각과 경험을 명확히 전달하는 실용적인 글쓰기 능력이 필요하다.

문장력을 기르기 위해서는 많이 읽고, 많이 생각하고, 많이 써야한다. 유려한 문장력은 훈련의 산물이다. 단기간에 좋아질 수는 없다. 꾸준히 하다보면 분명 좋아진다. 문장력이 좋아지면 자연스레 본인의 고유한 문체도 생긴다.

38일차 기승전결

Q : 독자의 흥미를 끄는 방법은 무엇인가요?

A : 흥미를 끌려면 기승전결 구조로 책을 쓰세요.

Executive Summary

독자의 흥미를 유발하는 기승전결 구조로 책을 써라

① 기(起) : 문제 제기

② 승(承) : 전개, 갈등 시작

③ 전(轉) : 결정적 방향으로 전환, 긴장 갈등 최고조, 클라이맥스

④ 결(結) : 끝맺음, 교훈 제시

재미있는 영화의 조건은 확실한 반전이 있어야 하고 탄탄한 긴장감과 재미를 줘야 한다. 사람들은 그런 전개를 좋아하고 매료되어 흥미를 느낀다. 책은 이런 전개를 따르는 것이 중요하다. 좋은 글은 사람을 웃기기도 하고, 울리기도 하고 긴장하게도 만들고, 편안하게 만들어 주기도 한다. 책도 이런 반전, 긴장감, 재미를 줘야 하는데 그 기본이 되는 것이 '기승전결'이다. 한자 의미를 풀이하면 기(起)는 이야기 시작이나 발단을, 승(承)은 그 시작을 이어받아 전개하는 과정을, 전(轉)은 이야기가 급전환되거나 클라이맥스로 이어지는 부분을, 결(結)은 마무리를 의미한다. 이러한 기승전결 구조는 글쓰기뿐만 아니라 영화, 소설, 드라마 등 다양한 이야기 구조에서 활용되어 왔다. 이 구조를 이해하고 활용

하면 작품 전개가 더욱 원활하고 흥미로운 이야기로 전개된다.

구분	내용
기 (起)	(시작하는 부분) 한자로는 '일어날 기'로 시상을 일으키고 문제를 제기하는 도입부. 새로운 인물이 등장하고 새로운 목표가 일어나며, 새로움과 생기가 발랄한 부분.
승 (承)	(전개하는 부분) 한자로는 '이을 승'으로, 기를 이어받아 이야기를 진행하는 부분. 스토리가 시작되는 행동의 시작 부분이기도 함. 기에서 나타난 궁극의 목표를 받들어, 주인공은 승에서 행동을 구체적으로 펼치거나 갈등이 시작되는 부분.
전 (轉)	(전환하는 부분) 한자로는 '구를 전'으로 장면과 시상을 새롭게 전환시키고, 결정적으로 방향을 한 번 전환하는 부분. 갈등과 긴장이 최고조에 달하며 반전 혹은 도약이 핵심 포인트로 승 부분의 내용을 뒤집기도 함. 이야기가 반전되는 부분.
결 (結)	(끝맺는 부분) 한자로는 '맺을 결' 전체를 묶어 여운과 여정이 깃들도록 끝맺음하는 부분. 기승전에서 주인공과 욕심, 욕망, 불운, 헛된 꿈의 부분이 다루어졌다면 '결'에서는 주인공이 앞으로 어떻게 살아갈 것인지 분명하게 그 결심을 제시하는 단계. 독자에게 구체적인 교훈이 제시되는 부분. 그래서 기승전결은 주로 교훈을 주기 위한 서사구조라 함.

기승전결 구조는 긴 이야기를 간결하게 전달하고 흥미를 유발하는 데 효과적이다.

① 흥미 유발 : 기승전결 구조는 독자 흥미를 끌기 위해 사용된

다. 시작부터 긴박한 상황이나 중요한 결정적 순간을 제시하여 독자 호기심을 자극한다.

② 간결성 : 기승전결 구조는 길고 복잡한 설명을 피하고 핵심적인 내용만을 다루기 때문에 간결성을 지향한다. 독자가 글을 더 쉽게 이해하고 읽을 수 있게 도와준다.

③ 긴 이야기 요약 : 긴 이야기를 요약하는 데 유용하다. 중요한 사건이나 전환점을 간략하게 소개하고, 독자의 관심을 끌어 더 자세한 내용을 읽게 유도할 수 있다. 예를 들어, 소설이나 영화에서 기승전결 구조는 주인공이 마지막 순간에 승리를 거두거나 결정적인 선택을 하는 장면으로 나타난다. 이러한 구조는 글쓰기에서 스토리텔링 전개에 유리하다.

책은 하나의 상품이다. 아무리 본인이 잘 썼다고 해도 소비자인 독자가 재미없다고 느끼면 아무 의미 없다. 전달하는 메시지가 명확하고 내용이 좋아도 아무 의미 없다. 재미가 있고, 흥미를 유발해야 한다. 이런 흥미를 유발하기 좋은 구조가 기승전결이다. 왜 논리 글쓰기인 서론-본론-결론 구조로 쓰지 않을까? 문자가 생긴 이래 논리 글쓰기는 가장 효율적인 글쓰기 방법이었다. 예를 들어 '우리나라 경기가 어렵다'라는 주제로 논리 글쓰기를 해보자.

[서론-본론-결론]
• 서론 : 먹고살기가 힘들다.

- 본론 : IMF 이후 경기가 계속 불황이다.
- 결론 : 그래도 열심히 해야 한다.

메시지와 주장을 전달하는 데는 효율적이지만 처음부터 경기가 "어렵다, 어렵다, 어렵다" 얘기만 하면 독자들은 읽다가 지친다.

이번에는 기승전결 구조로 글을 써보자. 중간에 "하지만 좋아진 것도 있어"라고 달래준다. 우리나라가 어렵지만 혼내기도 하고 달래기도 하고 치켜세워주기도 하고 해야 독자가 느끼는 점도 많고 흥미를 가진다. 글에 공감을 하게 만들어야 메시지 전달에 효율적이다.

[기승전결]
- 기 : 먹고살기가 힘들다.
- 승 : IMF 이후 경기가 계속 불황이다.
- 전 : 하지만 IMF 이후 기업 및 개인들의 경쟁력이 강화되었다.
- 결 : 기업 및 개인들의 경쟁력이 강화되었으므로 충분히 잘 극복할 수 있다.

어떤 구조가 재미있는가? 어떤 구조가 더 설득력 있는가? 당연히 '서론-본론-결론' 구조보다는 '기-승-전-결' 구조가 더 재미있고 설득력 있다.

39일 차 쉽게 쓰기

Q : 도대체 좋은 글은 어떤 글인가요?
A : 독자가 알기 쉽게 쓴 글이 좋은 글입니다.

Executive Summary
단 하나의 책 쓰기 원칙: 책은 알기 쉽게 써라.

많은 사람이 '어떻게 하면 좋은 글을 쓸까?', '좋은 글은 어떤 글인가?'라는 의문을 갖는다. 글을 전문적으로 쓰는 작가는 더 그렇다. 글에 고민 없이 어떻게 글을 잘 쓸 수 있겠는가? 남보다 글을 더 잘 쓰려고 고민한 사람도 있었고, 독자에게 감동을 주기 위해 고민한 사람도 있었다. 고민하는 이유는 각기 달랐지만 목적은 다 똑같이 글을 잘 쓰려고 고민했다. 글은 어떤 대상 지식이나 정보를 알기 쉽게 풀이해 독자가 이해하기 쉽게 풀어놓은 것이다. 여기서 중요한 포인트는 '알기 쉽게'다. 알기 쉽게 설명을 하려다 보니 재미있게 쓰기도 하고, 비유를 들기도 하고, 꾸미기도 하고, 과장하기도 한다. 그러다 보면 지나치게 포장이 되어서 배보다 배꼽이 커진 꼴이 된다.

공자는 《논어》〈위령공〉편에서 "말이나 글은 뜻을 전달하면 그만이다."라고 했다. 글은 그 뜻이 전달됐으면 글로서 역할은 다

한 것이다. 그런 점에서 문장은 꾸밀 필요가 없다. 노벨문학상 수상 작가인 알베르 카뮈는 이렇게 말했다. "명심하라. 글은 전달만 하면 된다. 더 이상은 욕심이다."공자나 알베르 카뮈 말만 들으면 '글은 그냥 전달만 하는 매개체인가?' 이런 생각이 들 수 있다. 그게 맞나 싶어서 글쓰기 원칙을 알아봤다. 우리에게 《동물농장》, 《1984》로 유명한 조지 오웰은 1946년 《정치와 영어》라는 수필에서 글쓰기 원칙을 아래와 같이 밝혔다.

① 인쇄물에서 흔히 본 직유, 은유는 '절대' 쓰지 않는다.

② 짧은 단어를 쓸 수 있을 때는 '절대' 긴 단어를 쓰지 않는다.

③ 빼도 상관없는 단어는 '반드시' 뺀다.

④ 능동태를 쓸 수 있다면 '절대' 수동태를 쓰지 않는다. 예컨대 '그 남자가 개한테 물렸다'라고 쓰기보다는 '개가 그 남자를 물었다'라고 쓴다. 훨씬 설득력이 강하다.

⑤ 일상생활 용어로 대체할 수 있다면 외래어나 과학 용어, 전문 용어는 '절대' 쓰지 않는다.

⑥ 내놓고 상스러운 표현을 쓸 수밖에 없다면 위 다섯 원칙을 깨버린다.

몇 가지만 짚고 넘어가자.

① 인쇄물에서 흔히 본 직유, 은유는 '절대' 쓰지 않는다.

→ 흔히 본 표현은 하지 마라. 식상한 표현은 하지 말라는 것이다. 누구나 다 아는 글을 써봐야 아무도 관심이 없으므로 그 글은 비효율적이다.

②짧은 단어를 쓸 수 있을 때는 '절대' 긴 단어를 쓰지 않는다.

→ '불조심하는 것은 아무리 강조해도 지나치지 않다.' 이렇게 쓰면 고개를 갸우뚱한다. 다시 생각해 보게 되는 것이다. '불조심은 늘 강조해야 한다.' 이렇게 쓰면 이해된다.

③일상생활 용어로 대체할 수 있다면 외래어나 과학 용어, 전문용어는 '절대' 쓰지 않는다.

→ 직장 생활을 하다 보면 제일 많이 듣는 말이 있다. '보고서는 초등학생이 봐도 이해할 수 있게 써.' 회사에서 상사에게 잘 보이려고 어려운 용어나 글을 쓰면 여지없이 다시 불려가 또 설명을 해야 한다. 쉽게 쓴 글이 이해도 쉽고 설득력이 높다.

④내놓고 상스러운 표현을 쓸 수밖에 없다면 위 다섯 원칙을 깨버린다.

→ 글은 말을 옮긴 것이다. 말은 마음의 소리다. 때문에 무심코 던진 한마디에 사람의 품성이 들어난다. 격과 수준을 의미하는 한자 '품(品)'은 입 '(口)'가 세 개 모여 이루어져 있음을 알 수 있다. 말이 쌓이고 쌓여 한 사람의 품격이 된다는 뜻이다. 글에 품격이 있으려면 상스러운 표현을 쓰면 안 된다. 상스러운 표현을 쓰면 독자는 불쾌해한다.

조지 오웰이 내놓은 글쓰기 원칙을 단 하나로 요약하면 '글은 알기 쉽게 써라'이다. 책을 쓸 때 쉽게 빠지는 유혹이 바로 멋있게 보이는 글을 쓰려는 유혹이다. 누군가 내 글이 고상해 보이고 싶은 욕심이다. 아무도 이해하지 못하게 글을 쓰면 내가 글을 쓴 의도에서 벗어난 것이다. 내가 글을 쓴 이유는 내 생각을 상대방에게 전달하기 위해서 쓴 것인데 고상하고, 멋있게 보이려다 이런 실수를 하는 것이다. 글의 내용이나 소재보다 더 중요한 것은 표현의 형식, 즉 문체다. 글은 남이 쉽게 읽을 수 있어야 한다. 글은 간단명료하고 구체적으로 써야 한다. 반대로 어렵고 모호하며 추상적인 글쓰기가 배제되는 이유는 독자가 이해하기 힘들기 때문이다.

나는 직업이 작가이기도 하지만 현재 회사에 근무하는 직장인이다. 직장인은 업무적으로 글을 많이 쓴다. 주로 보고서를 많이 쓴다. 쓰면서 전문 용어도 많이 사용된다. 그런데 어떤 사람은 보고서를 쓰면 단 번에 이해가 되는 보고서가 있는 반면에 두세 번 읽어봐야 이해가 되는 보고서가 있다. 보고서를 쓰면서 자신의 업무 지식을 과시라도 하려고 하는지 모르겠지만 어려운 용어도 많이 들어가고 이해도 힘들다. 많이 아는 걸 과시하기 위한 보고서이다. 결국은 보고하는 내용에 대해서 상사가 이해하도록 여러 번 설명을 해야 한다. 상사가 보고받다가 짜증 낼 수도 있다.

책을 쉽게 쓰는 사람이 책 쓰기 고수다. 이들은 사회적으로 독자에게 영향력을 끼칠 수 있다. 독자들의 행동을 변화시킨다. 이런 책이 가치가 있는 책이다. 쉽게 쓰는 것은 작가의 의무다. 더 많은 독자를 만나기 위한 선택이다.

40일차 좋은 문장

Q : 좋은 문장을 쓰는 방법은 무엇인가요?
A : 간결하게 쓰고, 구체적인 수사법을 사용하고, 적절한 어휘를 선택하고, 흐름이 자연스럽게 쓰세요.

Executive Summary
좋은 문장 쓰는 방법
① 좋은 문장은 간결하게 써라.
② 구체적인 수사법을 사용하라.
③ 적절한 어휘 선택을 하라.
④ 자연스러운 흐름이 있다.

한 편의 글은 여러 개 작은 부분들로 이루어진다. 크게 단락, 문장, 어휘로 구분할 수 있다. 낱말이 모여 문장이 되고, 문장이 모여 단락이 된다. 단락은 글 속에서 하나의 작은 주제를 표현하는 작은 글이다. 다시 다른 단락들과 연결되어 한 장 또는 한 편의 글을 이룬다.

- 낱말〈 문장〈 단락
- 단락 + 단락 + 단락 = 한 편의 글

글은 내용도 중요하지만, 형식에 맞게 쓰는 것도 중요하다. 꼭 맞는 단어와 표현, 자연스럽게 쓴 문장들이 글을 명확하게 하고 좋은 글이 된다. 문장의 글의 기초 단위로, 주어와 서술어를 기본으로 한다. 문장은 의사소통을 위해 사용되는 단위이다. 주어와 서술어를 포함해 어떤 내용이나 상황을 표현한다. 기본 문장 구조를 명확하게 한 후, 확장해 나가면 논리적이면서도 흥미와 긴장감을 줄 수 있다.

그러면 좋은 문장을 쓰려면 어떻게 해야 하나?

① 좋은 문장은 간결하게 써라.

한 문장 안에서 여러 사항을 복합적으로 다루면 전달하고자 하는 의미가 흐려진다. 문장의 전·후 관계를 파악하기도 힘들다. 간결한 문장이 항상 최고는 아니다. 하지만 좋은 문장은 항상 간단명료하다.

긴 문장을 쓰더라도 하나의 문장에서 하나의 사항을 정리하면서 확장하면 된다. 접미사나 서술어 부분만 수정해도 문장이 간결해진다. 작은 부분이지만 조금만 신경 써서 글을 쓰면 간결한 문장을 만들 수 있다.

예) 학교의 발전과 학생들의 성장을 돕도록 하겠다. → 학교의 발전과 학생들의 성장을 돕겠다.

곧 성적을 올려 드릴 것입니다. → 곧 성적을 올려 드릴 겁니다.

세상이 빠르게 변화함에 따라 → 세상이 빠르게 변함에 따라

② 구체적인 수사법을 사용하라.

독자에게 공유할 정보나 감정을 구체적인 경험으로 전달할 때

효과가 크다. 작가는 독자에게 단순히 내용을 전달하지 말고, 충분히 정보를 제공해야 한다. 직접적인 언어를 사용하여 뚜렷한 이미지나 의미를 전달하고, 정서적으로 호소를 해야 한다.

예) 그는 운동을 하고 저녁을 먹었다. → 점심도 안 먹은 그는 운동을 하고 집에 오자마자 옷도 갈아입지 않고 저녁을 먹었다.

우리 어머님은 젊어 보인다. → 우리 어머님은 너무 젊어 보여서 길을 가다 보면 20대 아니냐고 물어보는 사람이 있을 정도다.

③ 적절한 어휘 선택을 하라.

어휘 선택을 잘못하면 독자들이 헷갈려 한다. 명확하게 의미가 전달되게 써라. 수식어를 명확하게 써서 의미가 모호해지지 않게 써라.

예) 어버이날 영철이는 아버지께 카네이션을 드렸다. 그는 진심을 알게 되어 기뻤다.

→ 어버이날 영철이는 아버지께 카네이션을 드렸다. 영철이는 진심을 알게 되어 기뻤다.

→ 어버이날 영철이는 아버지께 카네이션을 드렸다. 아버지는 진심을 알게 되어 기뻤다.

여기서 그는 누구인가? 독자는 헷갈려 한다.

친척들이 다 오지 않았다.

→ 온 친척들이 하나도 없다.

→ 친척들이 다 오지는 않았다.

친척들이 하나도 안 온 것인지, 전부다 안 왔다는 건지 독자는 혼란스럽다.

④ 좋은 문장은 자연스러운 흐름이 있다.

한글은 주어와 서술어의 거리가 멀다. 서술어가 문장의 맨 마지막에 와서 주어와 서술어의 호응이 맞지 않는 경우가 많다. 문장 주어와 서술어의 호응이 바르지 않으면 의미가 불분명해진다.

예) 우리는 매일 적당한 운동과 공부를 열심히 했다.

→ 우리는 매일 적당한 운동을 하고 공부를 열심히 했다.

내가 다급해진 이유는 원고 마감 날짜라 할 수 있다.

→ 내가 다급해진 이유는 마감 날짜가 다가왔기 때문이다.

오직 나는 올해 계획한 바대로 책을 쓴다.

→ 나는 올해 계획한 바대로 오직 책을 쓸 뿐이다.

사랑은 그 얼마나 어려운가. 많은 사람들이 어려워하지만 난 포기 하지 않겠다.

→ 사랑을 얻기란 그 얼마나 어려운가. 많은 사람들이 어려워하지만 난 포기 하지 않겠다.

41일차 어휘

Q : 마땅한 어휘가 떠오르지 않는데 어떻게 해야 하나요?
A : 마땅한 어휘가 저절로 떠오르지 않으면 어휘 공부를 해야 합니다. 저절로 늘지 않습니다.

> **Executive Summary**
> 정확하게 단어를 쓰는 방법
> ① 적합한 어휘로 문장과 원리에 맞게 써라
> ② 혼동하기 쉬운 단어는 꼭 사전을 찾아봐라

상대방이 내 글이나 말을 오해한 경험 다들 있죠? 미세한 차이에도 말뜻이 크게 달라지기 때문이다. 상대방이 내 뜻을 다르게 해석하면 갑갑하기도 하고 속이 상한다. 단어는 정확하게 써야 한다. 글이란 '아' 다르고 '어' 다르다. 똑같은 글이라도 어떻게 쓰느냐에 따라 뜻이 달라진다.

정확하게 쓴다는 것은 적합한 어휘로 문장과 원리에 맞게 쓰는 것이다. 프랑스 작가 플로베르[13]는 '일물일어설(一物一語說)'을 주장했다. '하나의 사물을 나타내는 데는 하나의 단어밖에 적합한 게 없다.'고 했다. 어떤 현상이나 사물을 나타내는 데 있어서 정확한 표현의 중요성을 강조한 것이다. 글의 명료성을 높이기 위함이다.

실제 글을 쓸 때, 방언이나 비어, 속어, 온라인상의 언어 또는 외래어나 외국어를 쓸 때가 있다. 그러나 이는 어디까지나 정확성을 기반으로 한다. 상황에 따라 용납되는 경우에 한한다. 글을 쓸 때는 자신이 쓰는 단어가 어떤 개념과 의미로 사용하는지 알아야 한다. 단어를 정확히 쓰기 위해서는 많은 어휘를 찾아보고 익혀야 한다. 어휘력은 생각을 깊게 만들고 표현력에도 많은 도움을 준다.

혼동하기 쉬운 단어를 보자.
• 개발 / 계발
개발하다 : 토지나 천연자원 따위를 유용하게 만들다. 지식이나 재능을 발달하게 하다. 물질적, 비물질적인 두 가지에 쓰임(국토 개발, 능력 개발)
계발하다 : 슬기나 재능, 사상을 따위를 일깨워 주다. 비물질적인 것에만 쓰임(자기 계발, 창의성 계발)
그녀는 자신의 재능을 개발했다. (그녀는 재능을 발달시켰다.)
그녀는 자신의 재능을 계발했다. (그녀는 재능에 눈을 떴다.)

---

13) 귀스타브 플로베르 : 1821년 12월 12일 프랑스 왕국 루앙에서 태어나서 1880년 5월 8일에 프랑스 크루아세에서 사망한 프랑스 작가다. 19세기 후반 프랑스 대표 소설가로 귀스타브 플로베르는 심리적인 분석, 리얼리즘에 대한 고찰, 개인과 사회의 행동에 대한 명석한 주시를 통하여 보편 문학을 표방했다. 대표작으로는 《보바리 부인》(1857), 《살람보》(1862), 《감정교육》(1869), 《세 가지 이야기》(1877)가 있다.

• 조종 / 조정

조종 : 다른 사람을 자기 마음대로 다루어 부리다. 기계를 다루어 부리다.

조정 : 어떤 기준이나 실정에 맞게 정돈하다.

팀장은 부서원들을 조종했다. (팀장은 부서 사람들을 이용)

팀장은 부서원들을 조정했다. (팀장은 부서의 인원 등을 개편)

• 결제 / 결재

결제 : 대금을 주고받아 매매 거래 관계를 끝맺다.

결재 : 결정할 권한이 있는 상관이 부하가 제출한 안건을 검토해 허가하거나 승인하다.

거래처에서 제때 대금을 결제하지 않아 큰일이 났다. (거래 관계를 제때 대금을 처리하지 못했다.)

거래처에서 제때 대금을 결제하지 않아 큰일이 났다. (대금 관련 서류를 제때 처리하지 못했다.)

• 혼돈 / 혼동 / 혼란

혼돈 : 마구 뒤섞여 있어 갈피를 잡을 수 없음, 또는 그런 상태

혼동 : 구별하지 못하고 뒤섞어서 생각함

혼란 : 뒤죽박죽이 되어 어지럽고 질서가 없음

• 체 / 채

체 : 나를 못 본 체하였다.('척'의 의미)

채 : 아침도 못 먹은 채로 출근을 했다.(상태)

• 띠다 / 띄다

띠다 : 그것은 독특한 성질을 띠었다.

띄다 : 한 칸 띄어 앉으세요.

• 걷잡다 / 겉잡다

걷잡다 : 일이 걷잡을 수 없이 악화되었다.

겉잡다 : 회의장에 모인 사람이 겉잡아 30명 정도는 되었다.

• 바라다 / 바래다

바라다 : 그의 노래에 간절한 바람이 그대로 표현되었다.

바래다 : 중학교 때부터 입은 옷이 색이 바랬다.

• 로서 / 로써

로서 : 회사 선배로서 하는 말이야.(자격)

로써 : 문제는 대화로써 해결하는 것이 맞다.(수단)

• 그러므로 / 그럼으로

그러므로 : 그 직원은 부지런하다. 그러므로 잘 산다.(그러니까)

그럼으로 : 그는 열심히 공부한다. 그럼으로 부모님에게 은혜에 보답하였다.(그렇게 하는 것으로)

자음이나 모음 하나로 뜻이 달라진다. 단어를 하나하나 자세히 보면 오류를 금방 찾을 수 있지만, 많은 분량의 원고를 고민 없이 쓸 때 벌어지기 쉬운 실수다. 적확한 표현과 정확한 단어 선택 역시 중요하다. 작가는 본인이 정확한 단어와 적합한 표현을 사용하고 있는지 점검해야 정확한 글이 만들어진다.

42일차 단락

Q : 단락의 길이는 어느 정도 되어야 하나요?

A : 보기에 가장 적당한 4~8개 문장으로 구성하세요.

Executive Summary

단락의 분류

① 두괄식 = 소주제문 + 뒷받침문 〉
핵심 생각을 먼저 제시

② 미괄식 = 뒷받침문 + 소주제문 〉
글의 긴장감 마지막까지 유지

③ 중괄식 = 뒷받침문 + 소주제문 +
뒷받침문 〉 뚜렷하게 강조하는 효과

④ 양괄식 = 소주제문 + 뒷받침문 +
소주제문 〉 가볍고 자유로운 내용으
로 쉽게 펼침

단락은 특정한 요지나 아이디어를 다루는 글을 내용상 끊어서 구분한 하나의 토막을 가리킨다. 문단이라고도 한다. 한 단락은 하나 이상의 문장들로 이루어진다. 단락은 일정한 의미 단위를 지닌 문장들의 묶음으로 글 전체를 구성하는 실질적인 단위다. 단락은 주제 전달이라는 명확한 목적이 있다. 구성 요소들이 유기적인 관계를 맺으며 잘 짜여야 한다.

단락은 소주제를 나타내는 문장을 중심으로 하나의 구조를 이루고 있는 문장들의 집합이다. 각 단락은 각기 부분이면서 또한 전체가 되어야 한다. 전체 글 주제에 맞아야 한다. 어떤 글은 분량이 많은데 왜 그렇게 많은 분량이 필요한지 의구심이 드는 경우가 있다. 한 단락을 이루는 문장들이 많든 적든 이들은 서로 긴밀하게 연결되어 있어야 한다. 처음 책을 쓰는 사람들은 분량 압박이 있어서 이것저것 끌어 쓰다 보면 앞뒤 맥락에 맞지 않거나 내용이 전혀 어울리지 않는 경우가 많다.

단락은 호흡과 같아서 만약 글을 단락으로 나누지 않고 하나의 문단으로 작성하게 되면, 주제를 명확하게 전달하기 어렵다. 이러한 글은 생각이 정돈되지 않은 느낌을 준다. 단락은 아무 관계없는 문장들끼리 엮인 게 아니다. 앞 문장의 논리를 뒷받침해 주는 문장들이 계속 연결되어야 한다. 내용에 통일성이 느껴지도록 묶여야 한다. 그렇게 쌓인 문장들의 흐름이 하나의 생각을 논리적으로 완성돼야 한다. 하나의 글처럼 단락마다 중심 생각이 있어야 한다. 그렇게 단락은 문장끼리의 연결성과 내용의 통일성, 하나의 생각이 마무리되는 완결성을 가져야 한다.

단락을 시작할 때는 한 칸을 들여 쓴다. '들여 쓰기'는 새로운 단락의 시작을 알린다. 단락별 내용을 구분하는 장치다. 글 전체 구성 관계를 명확하게 표시해 준다. 책 쓰기는 기본적으로 '들여 쓰기'를 하고 있다. 들여 쓰기를 종종 어기는 경우가 있는데, 되도록 지키는 것이 바람직하다. 글을 쓸 때 대화 부분을 한 단락의 모양으로 들여 쓴다. 이는 대화문을 바탕 글(지문)과 구별해 준다. 글을 쓸 때 단락을 나누어 쓰면 무엇에 관한 글인지 주제가 분명해진다.

필요한 정보를 적절히 논리적으로 배열하게 되어 자연스럽게 연결을 할 수 있다.

단락은 너무 길지도, 짧지도 않게 써야 한다. 한 편의 글을 하나의 단락으로 처리하면 아무리 좋은 내용이라도 읽기 싫어진다. 한눈에 보기에도 어렵고 부담스러워 보인다. 반면에 단락을 너무 남발하면 글이 지저분해 보이고, 내용도 가벼워 보인다. 정확한 기준은 아니지만, 보기에 가장 적당한 단락의 길이는 4~8개 문장으로 구성하는 것이 좋다. 한 편의 글이 비슷한 분량의 단락으로 정리가 되면 안정감을 주고 가독성을 높여준다. 단락 분량에 맞게 내용도 잘 정리가 되면 주제 전달도 좋아진다.

하나의 단락은 하나의 소주제문과 둘 이상의 뒷받침문으로 이루어진다. 단락의 유형은 단락 내부에서 소주제문이 제시되는 위치에 따라 두괄식, 미괄식, 중괄식, 양괄식으로 나뉜다.

[단락 = 소주제문(중심 내용) + 뒷받침문(세부 내용) 의 종류]
① 두괄식 = 소주제문 +뒷받침문 → 핵심 생각을 먼저 제시.
② 미괄식 = 뒷받침문 +소주제문 → 독자의 궁금증 유발, '따라서', '그러므로', '결국' 등의 접속어를 사용하여 유도하는 경우 많음.
③ 중괄식 = 뒷받침문 +소주제문 +뒷받침문 → 소주제문 앞뒤로 반복하여 뚜렷하게 강조하는 효과가 있음.

④ 양괄식 = 소주제문 + 뒷받침문 + 소주제문 → 뒷받침문들을 소주제와 관련된 가볍고 자유로운 내용으로 쉽게 펼쳐나가는 장점 있음.

단락 구성은 독자에게 내용을 명확하게 전달하게 해준다. 글의 적절한 단락 구성으로 글이 논리적이고 읽기 쉽게 구성해 써라. 단락을 쓸 때는 중심 내용을 어느 부분에 놓으면 좋을지 고려해야 한다. 효과적인 배열 방식이 단락의 의미 전달하는데 중요한 역할을 하기 때문이다. 요약하면 단락도 하나하나가 말하고자 하는 중심 생각이 있어야 한다. 그래야 어떤 내용으로 쓸지, 중심 내용을 어디에 배치할지 정해진다. 한 꼭지를 쓰기 전에 중심 내용을 어디에 배치할지 미리 생각하면 한층 수월하게 글을 쓸 수 있다.

|책 쓰기 TIP | 책 쓰기 속도를 높이는 방법 → 원고검토는 초기에 자주 받아라.

책을 완성할 때까지 기다린 후 누구에게 보여주기보다는, 믿을 수 있는 지인이나 가족에게 쓴 글을 보여주고 피드백을 받아라. 이때 피드백은 글의 스타일이나 문법의 수정보다는 글의 내용과 방향 등에 대한 전반적인 견해를 말한다.
책 쓰기 시작 초기에는 1꼭지마다 피드백을 받고 그 이후에는 장 단위로 피드백을 받아라. 상황에 따라 책 쓰기 수업을 듣고 있거나, 동료 작가 그룹이 있을 경우에는 그들에게 보여줘라. 그렇지 않은 경우면 독서를 즐기거나 책을 좋아하는 친구나 가족에게 피드백을 부탁하자.

43일 차 리듬 있는 글쓰기

Q : 쫄깃한 문장은 어떻게 쓰나요?

A : 말로 해서 자연스러운 리듬 있는 문장을 쓰세요.

Executive Summary

리듬 있는 문장 쓰는 방법
① 글 전체를 평서문(단조로운 글)으로만 쓰지 않는다.
② '의'와 '것'의 사용을 최소화하고 네 음절 이내로 쓴다.
③ 수식어와 접속 어미를 쓰지 않는다.

호흡이 긴 글을 쓰다 보면 자신도 모르는 사이 문장이 딱딱해지거나 단조로워지기 쉽다. 문장이 단조롭게 느껴지는 이유는 무엇일까? 대체로 그런 글은 전체가 평서문으로 적혀 있을 가능성이 크다.

[리듬 없는 글: 단조로운 글(글 전체가 평서문)]

집에 먹을 것이 없어서 마트에 갔다. 오늘은 야채볶음을 만들려고 한다. 그런데 야채 모양도 색상도 각양각색이라 어떤 걸 집어야 할지 몰랐다. 옆에서 사과를 담고 있는 판매원 아주머니에게 어떤 야채가 야채볶음 만들 때 좋은지 물었다. 아주머니는 거침없이 오이와 호박 그리고 파프리카를 봉지에 담아주었다.

위 문장은 술술 잘 읽히지만 왠지 재미는 없다. 문장들이 한 가지 형태로 나열되어 있기 때문이다. 문장 몇 개를 명사형으로 마치거나 대화문으로 바꾸는 것만으로도 문단 전체를 리듬 있게 만들 수 있다.

[① 리듬 있는 글: 평서문 + 명사형 + 대화문]

집에 먹을 것이 없어서 마트에 갔다. 오늘 메뉴는 야채볶음. 그런데 야채 모양도 색상도 각양각색이라 어떤 걸 집어야 할지 몰랐다. "아주머니, 야채볶음 만들려고 하는데 어떤 야채를 사는 게 좋아요?" 옆에서 사과를 담고 있는 판매원 아주머니에게 물었다. 아주머니 "이걸로 만들어봐."하고 오이와 호박, 그리고 파프리카를 봉지에 담아주었다.

앞 문장보다 훨씬 생생하다. 이렇듯 약간 디테일만 손봐줘도 전체 느낌이 확 바뀐다.

우리나라 말은 주로 세 글자와 네 글자로 구성되어 있다. 기초 생활용어는 한 글자, 한 음절 짜리 단어가 많다. '나', '너', '해', '달', '꽃', '물', '산' 따위가 그 예다. 그 외에는 대부분 두 글자, 세 글자, 네 글자가 대부분이다. 다섯 음절을 넘는 단어는 많지 않다.

아무런 글이나 써보자. 그 글자 수를 두 음절, 세 음절, 네 음절에 맞추게 노력해 봐라. 어떤 글자는 빼고, 어떤 글자는 더 넣어보고, 글자를 앞으로 넣어보기도 하고, 뒤로 빼기도 해봐라. 이렇게 하다 보면 어느 순간 더 좋은 순서와 구성이 나온다.

'의' 자와 '것' 자를 최대한 줄인다. '의'와 '것'은 문법적으로 틀린 표현이 아니다. 그런데 이상하게 '의'와 '것'을 많이 쓰면 리듬이 끊긴다. 글로 쓸 때는 모르지만 두 글자를 쓴 문장과 안 쓴 문장을 비교해 보면 확실히 알 수 있다.

[리듬 없는 글: '의'와 '것' 사용]
고창에서 / 서울로 / 보낸 / 수박은 / 대형마트의 / 과일 / 코너에 / 모였다. (4-3-2-3-5-2-3-3)
주말에 / 대학교 / 친구들이 / 놀러 / 왔지만 / 음식 / 만드는 것은 / 부인의 / 몫이었다. (3-3-4-2-3-2-5-3-4)
'신은 어느 곳이나 있을 수 없어서 어머니를 만들었다.'라는 말이 있다.
이는 / 자식을 / 낳고 기른 / 어머니의 / 역할이 / 그만큼 / 중요하다는 / 것이다. (2-3-4-4-3-3-5-3)

리듬 있는 글을 쓰는 방법을 가장 쉽게 배우려면 말로 해보면 된다. 이렇듯 '의'와 '것'을 쓰면 리듬감이 떨어진다. 우리가 다른 사람과 말을 할 때 '우리 부모님'이라고 하지 '우리의 부모님'이라고 말하지 않는다. 말로 해서 자연스러운 것이 리듬 있는 글이다.

[② 리듬 있는 글: '의'와 '것' 미사용]
고창에서 / 서울로 / 보낸 / 수박은 / 대형마트 / 과일 / 코너에

/ 모였다. (4-3-2-3-4-2-3-3)

　주말에 / 대학교 / 친구들이 / 놀러 / 왔지만 / 음식 / 준비는 / 부인 / 몫이었다. (3-3-4-2-3-2-3-2-4)

　'신은 어느 곳이나 있을 수 없어서 어머니를 만들었다.'라는 말이 있다.

　이는 / 자식을 / 낳고 기른 / 어머니 / 역할이 / 중요하단 / 뜻이다. (2-3-4-3-3-4-3)

　그렇다고 모든 글에서 '의'와 '것'을 빼는 것이 아니라 리듬 상 필요할 때는 사용한다. 단어 음절이 '의'가 들어가도 전체 리듬에 맞을 때는 사용한다. '것'도 써야 할 때가 있다. '추정할 때', '강조할 때' 쓴다.

　예) 추정 : '~일 것이다.', '~없을 것이다.'

　　 강조 : '이것이 ~ 것이다.'

　음식에 조미료를 조금만 넣으면 맛이 있지만, 너무 많이 넣으면 식재료가 가지는 고유한 맛은 사라져 맛이 없다. 글도 수식어와 접속 어미(~고 / ~며 등) 너무 많이 남발하면 글이 리듬이 없어지고 늘어진 느낌이 든다.

[리듬이 없는 글: 수식어와 접속 어미 많음]

　그 핸드폰은 들고 다니다가 여러 번 떨어뜨려도 멀쩡했고, 무겁지도, 크지도 않았으며, 사용법도 매우 간단했다.

[③리듬이 있는 글: 수식어와 접속 어미 없음]

그 핸드폰은 들고 다니다가 여러 번 떨어뜨려도 멀쩡했다. 무겁지도 않았다. 크지도 않았다. 사용법도 간단했다.

|책 쓰기 TIP| 어휘를 공부하라.

글을 쓸 때 마땅한 어휘가 떠오르지 않는 경우가 있는데 모든 작가가 그런 경험을 한다. 흔히 '글을 많이 쓰다 보면 적절한 어휘가 떠오르겠지' 하고 생각한다. 그러나 어휘도 공부를 해야 한다. 공부를 해야 익히게 된다. 고급 어휘를 얼마나 풍부하게 쓰느냐가 곧 글의 수준을 나타낸다는 말도 있다. 다시 강조하지만 공부해야 어휘가 는다. 저절로 늘지 않는다.

Q : 횡설수설하지 않고 쓰는 방법이 있을까요?
A : 다양한 진술 방식(설명하기, 논증하기, 서사하기, 묘사하기)을 적절히 활용해 글을 쓰세요.

글을 써서 어떤 내용을 전달하고자 할 때 어떤 형태로 표현할지 결정해야 한다. 이것을 진술 방식이라 한다. 다양한 진술 방식을 적절히 활용하여 글을 쓸 때 효과적으로 내용을 전달할 수 있다. 어떤 상황에서 어떤 진술 방식을 선택할지는 작가의 의도와 목적에 따라 다르게 결정된다. 진술 방식은 크게 네 가지로 나뉜다.

> **Executive Summary**
> 설명하기의 구체적인 진술 방식
> ① 정의
> ② 예시
> ③ 비교 대조
> ④ 분류
> ⑤ 분석

[진술방식의 종류]

① 설명하기 : '무엇을 알리고 싶다.'는 의도에 적합한 진술 방식이다. 설명은 작가가 알고 있는 사실이나 지식을 객관적으로 독자에게 전달하고 이해하기 쉽게 쓴다.

② 논증하기 : '무엇을 밝히고 주장한다.'는 의도에 적합한 진술

방식이다. 논증은 추론으로 주장을 뒷받침한다. 논거와 명제로 이루어진 진술 방식이다.

③ 서사하기 : '무엇이 일어났는가?'에 답하는 글이다. 서사는 일정한 기간 내에서 사건이나 행동의 전개에 초점을 둔다. 이야기로 독자에게 정보를 전달하거나 정보를 유발하는 데 사용된다.

④ 묘사하기 : '무엇을 느꼈는가?'에 답하는 글이다. 묘사는 주로 객관적이고 세밀한 사실을 표현하는 데 사용된다. 예를 들면 과학적인 관찰 기록문이나 낯선 지역의 풍경을 소개하는 글이 이에 해당한다.

설명하기 진술 방식을 알아보자. 설명하기는 어떤 주제를 쉽게 설명하고자 할 때 사용되는 방식이다. 이 방식은 주로 객관적인 사실이나 지식을 전달하는 데 활용된다. 설명하려면 먼저 무엇을, 누구에게, 어떻게 설명할 것인가를 정한다. 필요한 정보를 찾아 정확하게 이해한 후, 독자에게 쉽게 전달해야 한다. 설명의 문장은 명확하고 객관적이어야 한다.

좋은 설명은 주관적이거나 감정적인 문장은 피해야 한다. 모호함이나 논리적 비약 없이, 쉬운 방법으로 독자가 원하는 정보를 정확하게 전달한다. 설명하기 방식은 '사실, 현상, 경험' 등을 풀어쓸 때 다양하게 사용할 수 있다.

설명하기에는 세 가지 필수 요건이 있다.

① 사실성 : 정확한 지식과 사실을 근거로 성실하게 전달해야 한다.

② 객관성 : 작가의 주관적·감정적 의견이나 주장이 들어가지 않아야 한다.

③ 명료성 : 독자들이 알기 쉽게 한다.(도표, 그림, 사진 등의 시각적 자료 활용)

설명하기 진술 방식은 어떤 대상의 뜻을 밝혀서 풀이하는 방법이다. 이 방식은 주로 대상의 의미와 범위를 분명하게 설명할 때 사용된다. 설명하기의 구체적인 방법은 다섯 가지가 있다.

[설명하기의 구체적 방법들]

① 정의 : 대상의 본질, 개념, 뜻을 밝히는 설명하는 방법이다. 주로 "무엇은 무엇이다"의 형식으로 사용된다.

예) "문학은 사상이나 감정을 언어로 표현한 예술이다."

② 예시 : 어떤 사실이나 현상에 구체적인 예를 들어 설명하는 방법이다. 구체적인 사례를 들어 설명 대상에 이해를 더욱 쉽게 할 수 있다.

예) "단오에는 여러 세시 풍속이 있다. 예를 들면 그네뛰기, 씨름 등이 있다."

③ 비교와 대조

비교 : 둘 이상의 대상을 공통점을 중심으로 설명한다.

대조 : 둘 이상의 대상을 차이점을 중심으로 설명한다.

④ 분류 : 대상을 일정한 기준에 따라 나누거나 종류별로 묶어서 설명하는 방법이다. 여러 사물이 지닌 특성을 효과적으로 설명할 수 있다.

⑤ 분석 : 대상을 구성하는 요소나 부분으로 나누어 설명하는 방법이다. 구성 요소를 밝힘으로써 대상을 명확하게 설명하고, 복잡한 대상을 체계적으로 설명할 수 있다.

| 책 쓰기 TIP | 효과적인 비교를 위한 비교 대상 선정 방법

아무 대상이나 나란히 놓고 기술한다고 해서 비교가 되는 것이 아니다. 글쓰기에서 비교의 방법을 활용하고자 할 때는, 대상들과의 유사성, 또는 차이점을 보임으로써 설명하고자 하는 바를 더 명확하게 드러낼 수 있는 것을 대상으로 선정해야 한다.

의미 있는 비교를 하려면 일차적으로 상위 개념을 공유하는 하위 항목들 사이에서 비교 대상을 선정하는 것이 유리하다. 비교 대상을 고르는 데 꼭 하나의 정답만 있는 것은 아니다. 이전에는 비교 가능성이 잘 보이지 않던 것들이라도 공통점, 또는 차이점에 대해 충분한 근거를 제시하면서 설명하면 참신한 글이 된다.

• 비교할 때 유의할 사항

- 비교의 목적을 명확하게 설정했는가?

- 비교의 대상으로 적절한 대상을 선정했는가?

- 비교 기준을 다양한 관점에서 구체적으로 설정했는가?

45일차 합리적 추론

Q : 논증하는 글은 어떻게 써야 하나요?
A : 주장과 근거가 포함된 글이 논증하는 글입니다. 연역적 추론이나 귀납적 추론을 활용해 합리적인 추론을 내리세요.

논증하는 글을 쓰기 위해서는 논증이 무엇인지 알아야 한다. '논증'은 주장과 정당화 근거로 이루어진 명제들의 집합니다. 이 정의에서 주목해야 할 것은 모든 논증에는 '주장'과 '근거'가 포함되어야 한다는 점이다. 주장은 논증에서 매우 중요한 핵심 요소다. 주장은 논증의 목적이자 결과다. 올바른 주장을 위해서는 근거와 합리적 추론이 필요하다. 추론은 어떤 것을 근거로 삼아 다른 문제에 관한 결론을 내리는 것이다.

> **Executive Summary**
>
> 논증 = 주장 + 근거
> 올바른 주장을 위한 합리적인 추론을 내리는 두 가지 방식
> ① 연역적 추론: 일반적인 원리를 근거로 하여 구체적으로 특수한 여러 사실을 이끌어 냄
> ② 귀납적 추론: 개별적이고 특수한 사례를 들어 일반적이고 보편적인 원리를 이끌어 냄

논증은 어떤 사실이나 원칙, 문제에 명확한 근거를 바탕으로 자신의 주장을 증명하면서 상대방을 설득하는 방식이다. 논증은 논

리 사고와 분석으로 문제를 해결하고 결론을 도출하는 중요한 도구다.

추론에는 두 가지 방식이 있다. 연역적 추론과 귀납적 추론이다.
① 연역적 추론은 일반적인 원리를 근거로 하여 구체적이고 특수한 여러 사실들을 이끌어내는 추론 방식이다. 연역적 추론을 할 때는 논리적 비약이나 모순에 빠지지 않게 주의해야 한다.
예) 연역적 추론
"모든 사람은 죽는다." (전제1)
"소크라테스는 사람이다." (전제2)
"소크라테스는 죽는다." (결론)

② 귀납적 추론은 개별적이고 특수한 사례를 들어 일반적이고 보편적인 원리를 이끌어내는 추론 방식이다. 이러한 귀납적 추론은 개별적인 사례들을 들어 공통된 일반적인 원리를 이끌어 내기 때문에 충분한 사례를 들어야 한다. 열거되는 사례들은 대표성이 인정될 수 있어야 한다. 그러나 귀납적 추론은 단 하나 예외라도 있다면 결론이 참이 될 수 없다.
예) 귀납적 추론
"아이폰을 사용하는 영이는 애플워치를 좋아한다." (사실1)
"아이폰을 사용하는 철수는 애플워치를 좋아한다." (사실2)
"아이폰을 사용하는 윤미는 애플워치를 좋아한다." (사실3)

"그러므로 아이폰을 사용하는 모든 사람들은 애플워치를 좋아한다." (결론)

논증은 문제 해결과 의사소통에 필수적인 도구다. 논리적 오류에 빠지지 않기 위해서 연역적 추론과 귀납적 추론을 지혜롭게 사용해야 한다. 논리적으로 상황을 분석하고, 당신이 주장하는 바를 논증으로 결론 내리면 더 좋은 책 쓰기가 될 것이다.

논증이 무엇인지 알았다면 이제 논증하는 글에서 유의해야 할 점을 알아보자.

첫 번째, 논증이 글 속에 잘 드러나도록 써라. 논증하는 글에는 주장과 근거가 글 속에 명확히 표현되어야 한다. 논증하는 글을 쓰는 목적은 작가의 주장을 알리는 것보다는 그 주장이 왜 정당한지 독자를 설득하는 데 있다. 이런 점에서 논증하는 글은 두괄식으로 작성할 때 더 효과적이다.

두 번째, 강한 논증을 구성하는 것이다. 강한 논증이 필요한 이유는 논증이 강할수록 더 설득력 있는 논증이 될 수 있기 때문이다. 강한 논증이란 무엇일까? 귀납적 추론을 쓰면 강도가 높다. 주장을 뒷받침해줄 수 있는 복수의 근거가 존재할 때는 주장을 가장 잘 뒷받침해 주는 근거 순으로 논증을 구성해야 논증이 강화된다.

세 번째, 반론을 고려하라. 반론을 고려한다는 것은 매우 예리한 누군가의 문제 제기에 답하는 일이다. 좋은 논증하는 글쓰기를 위해서는 반대 입장에 맞서 자신을 얼마나 잘 옹호할 수 있는지 보여 줘야 한다. 반론에도 불구하고 어떤 이유에서 자신의 입장에 대한 보충 설명을 할 수도 있고 여전의 자신의 주장을 충분히 설명할 수 있으면 된다.

논증하는 글쓰기의 목적은 모든 사람을 설득하는 데 있지 않다. 자신의 주장을 잘 보여주는 데 있다. 반론을 고려하는 것 역시 반대 의견이 모두 틀렸음을 증명하는 것이 아니다. 반론을 고려하는 것은 나의 주장에 문제 제기하는 이들에게 나의 주장이 유효함을 밝히기 위한 것이다. 이를 통해 나의 논증을 강화하기 위해서다.

| 책 쓰기 TIP | 논증을 시작하기 전 개요부터 작성하라.

글을 시작하기 전 내 글의 주장과 근거들에 관한 개요를 먼저 작성하면 주장이 분명히 드러나는 논증하는 글을 쓸 수 있다. 그뿐만 아니라 근거의 적절성에 대해서도 미리 판단하여 강한 논증을 구성할 수 있다.
논증하는 글은 두괄식으로 작성하라. 작가의 주장이 무엇이며 어떻게 그 주장을 정당화시키는지 이해하기 쉬운 글은 주장이 먼저 등장하는 두괄식 글이다.

Q : 사건 전개는 어떻게 하나요?
A : 사건의 전개 과정을 단계나 양상으로 나누고, 시간에 따른 변화, 사건의 인과 관계를 파악하세요. 그리고 사건들을 재배치해 보세요.

서사 진술 방식은 일정한 시간 내에서 일어나는 사건이나 행동 전개에 따른 행위를 펼쳐 보여준다. 사건의 경과를 보여주는 진술 방식이다. 서사는 소설이나 기행문 따위에서 흔히 볼 수 있다. 이

> **Executive Summary**
> 서사의 방법
> ① 사건의 전개 과정을 단계나 양상으로 나눈다.
> ② 시간에 따른 변화, 사건의 인과 관계를 파악한다.
> ③ 사건들을 재배치해 본다.

방식은 '무엇이 일어났는가?' 질문에 대답하는 글을 작성하는 데 사용된다. 서사는 일정한 시간 내에서 사건이나 행동이 어떻게 진행되는지 보여준다. 주로 특정 사건이나 인물 행동에 초점을 둔다. 이로써 사건의 경과를 전달한다. 서사는 사건을 중심으로 글을 전개하는 방식이다. 서사란 단순히 일정한 시간 과정에서 일어나는 사건이 아니다. 일정한 의미와 가치를 지닌 것으로 보편적인 관심이 될 수 있어야 한다. 서사의 필수 요소는 '시간, 사건, 의미'다.

예) 마침내 삼촌이 나타났다. 두 팔로 가슴을 잔뜩 싸안은 그는 묵묵히 병원 문을 나섰다. 나는 잠자코 뒤를 따랐다. 허리를 꾸부정하게 구부린 채 그는 걸음마를 하듯 조심조심 걸었다. 한 발자국을 내딛는 데에도 무진 힘들어 보였다. 하지만 그런 상태로 우리는 털털거리는 시외버스를 타야만 했다. 수술만큼 길고 조마조마한 귀로였다. 어쩌면 삼촌은 가슴팍을 짜개고 작은 파편 조각을 뽑아낸 대신 의사들로 하여금 보다 크고 위험한 폭탄 같은 것을 거기다 숨겨 두게 한 것 아닐까 하고 나는 생각했을 정도였다.

하지만 수술은 실패했다. 무려 다섯 시간에 걸친 집도에도 불구하고 끝내 파편 조각을 찾아내지 못했던 것이다. 삼촌은 간신히 골방으로 돌아와 드러눕고 나서야 내 어머니께 씹어 뱉듯 말했었다.

- 이동하, 《파편》, 통큰세상, 2014

서사는 전체 글 성격이나 장르에 차이가 있지만 각기 일정한 사건 전개를 시간 흐름에 따라 진술하는 특색을 보여준다. 소설을 비롯한 문학 양식에서 서사는 이야기를 이끌어 가는 인물들의 행동과 이에 촉발된 여러 사건들의 인과관계를 독자들이 능동적으로 연결시켜 이해할 수 있도록 구성된다.

[서사의 방법]
서사의 방법은 대상을 설명하는 데 필요한 주요 사건들을 1차적으로 시간적인 순서로 정리해 본다. 서사의 내용을 이루는 각각의

사건은 대체로 '누가, 언제, 어디서, 무엇을 했는지'를 포함하고 있다. 전체 사건을 구성하고 있는 여러 개의 사건들 중 핵심적인 사건과 부차적인 사건으로 구분한다. 주요 사건이 발생한 시간 순서대로 배치해 보면 전체 사건의 윤곽이 분명해진다.

① 사건의 전개 과정을 단계나 양상으로 나눈다.

사건들은 대체로 긴 시간에 걸쳐, 복잡한 양상으로 전개되는 경우가 많다. 사건의 어느 부분에 초점을 맞추어 기술할 것인지와 사건을 몇 개의 단계로 나누어 서술할 것인지를 정해야 한다.

② 시간에 따른 변화, 사건의 인과 관례를 파악한다.

사건의 전개 과정이 정리되면, 어떤 일이 발생한 뒤에 생겨난 다른 일에 대해 말하는 과정이 필요하다. '어떻게 변화했는가'를 중점적으로 기술한다. 각각의 사건들이 이후에 '어떻게 진행되는가', 혹은 '어떤 결과를 낳았는지'를 기술한다. 각 개별 사건 사이에 존재하는 긴밀한 인과관계를 분명히 표현한다.

③ 사건들을 재배치해 본다.

현실 세계에서는 사건이 시간의 흐름에 따라 발생하지만, 글을 쓸 때 이 사건들을 꼭 시간적인 순서에 따라 배치할 필요는 없다. 어떤 사건을 먼저 배치하고, 어떤 사건을 나중에 배치하는 것이 독자가 전체 대상을 이해하는 데 유리한지 판단하여 글을 쓴다. 여러 사건을 순차적으로 배치하면 시간에 따른 변화가 잘 드러난다. 시간에 따른 순서를 따르지 않고 역행으로 구성하면, 변화의 양상보다는 그 이유에 관심이 높아진다.

47일 차 묘사

Q : 어떻게 하면 독자에게 깊은 감동을 줄까요?

A : 생생하고 감각적인 표현과 정확한 언어 선택으로 독자의 상상력을 자극하면 깊은 감동을 줄 수 있습니다.

Executive Summary

묘사: 어떤 대상이나 상황을 정확하고 상세하게 설명하는 것

묘사의 종류

①설명적 묘사: 대상에 정확한 정보를 제공

②암시적 묘사: 독자의 상상력을 자극하여 심미적 즐거움과 감동을 줌

묘사란 어떤 대상이나 상황을 정확하고 상세하게 설명하는 것을 말한다. 사물에서 받은 느낌을 생동감 있게 감각적으로 재현해 전달한다. '묘사(描寫)'의 한자 뜻을 풀이하면 그리고 베끼는 것을 말하는데 그 대상이 시각적인 한정되는 것으로 착각하기 쉽다.

하지만 소리, 냄새, 맛, 촉각 등 인간이 감각하는 모든 대상은 묘사의 대상이 될 수 있다. 게다가 두 가지 이상의 감각들을 복합적으로 활용할 때 묘사의 효과를 더 높일 수 있다. 작가가 대상을 보고, 듣고, 맛보고, 만졌을 때의 느낌을 독자가 머릿속에서 떠올리게 하라. 최대한 생생하게 느낄 수 있도록 구체적인 표현으로 기술

하는 것이 중요하다. 묘사는 감각적 표현과 정확한 언어 선택으로 이루어진다.

독자에게 구체적인 이미지를 떠올릴 수 있도록 자극하는 묘사를 잘 활용하면 주관적인 느낌을 전달하는데 효과적이다. 또한 논증 과정에서 독자를 설득하는 데도 유익하다. 레이첼 카슨의《침묵의 봄》[14]은 인간의 무분별한 살충제 사용으로 인한 생태 오염의 심각성을 적나라하게 파헤쳤다. 생태계의 위기를 뛰어난 묘사로 기술한 문학 작품으로 평가받는다.

(예시) 레이첼 카슨,《침묵의 봄》서론

미국 대륙 한가운데쯤 모든 생물체가 환경과 조화를 이루며 살아가는 마을이 하나 있다. 이 마을은 곡식이 자라는 밭과 풍요로운 농장들 사이에 자리 잡고 있는데, 봄이면 과수원의 푸른 밭 위로 흰 구름이 흘러가고 가을이 되면 병풍처럼 둘러쳐진 소나무를 배경으로

---

14)《침묵의 봄》(Silent Spring)은 1962년 레이첼 카슨이 1차 세계대전 이후 미국에서 살포된 살충제나 제초제로 사용된 유독물질이 생태계에 미치는 영향을 분석하여 쓴 책으로, 환경운동이 시작하게 되는 계기가 된 책이다. 이 책으로 인하여 1963년 미국의 케네디 대통령은 환경문제를 다룬 자문위원회를 구성하게 되었고, 이에 1969년 미국의회는 DDT가 암을 유발할 수도 있다는 증거를 발표하였으며, 1972년 미국 EPA(미국 환경부)는 DDT의 사용을 금지하게 되었다.

불타듯 단풍이 든 참나무, 단풍나무, 자작나무가 너울거렸다. 어느 가을날 이른 아침 희미한 안개가 내린 언덕 위에서 여우 울음소리가 들려왔고, 조용히 밭을 가로질러 달려가는 사람의 모습도 때때로 눈에 띄었다.

길가에는 월계수, 인동나무, 오리나무, 양치식물 그리고 들꽃이 연중 그 자태를 뽐내며 지나는 여행객의 눈을 즐겁게 해주었다. 나무 열매와 씨앗을 먹고사는 수많은 새가 눈밭에 내려앉는 겨울철에도 길가는 여전히 아름다웠다. 이 일대는 풍부하고 다양한 새들로 유명했는데, 봄가을에는 이동기를 맞은 철새 무리들이 떼를 지어 날아가는 모습을 보려고 멀리서 사람들이 찾아오곤 했다. 물고기를 잡으려는 사람들은 가까운 시냇가로 향했다. 이 하천은 산에서 내려온 차갑고 맑은 물이 넘쳐흘렀고 송어가 알을 낳는 그늘진 웅덩이가 군데군데 자리 잡고 있었다. 최초의 이주자가 집을 짓고 우물을 파고 헛간을 세운 이후 이런 풍경은 계속 유지되어왔다.

묘사는 설명적 묘사와 암시적 묘사로 나뉜다.

① 설명적 묘사 : 대상을 정확하고 상세하게 설명하는 것을 말한다. 설명적 묘사는 관찰력과 상상력을 결합하여 효과적으로 이뤄진다. 설명적 묘사는 대상에 정확한 정보를 제공하는 데 그 목적이 있다.

예) "눈이 흰 땅 위에 부드럽게 내렸다. 나무 가지에 물방울이 맺혀 있었고, 그 아래에는 푸른 잔디가 펼쳐져 있었다."

② 암시적 묘사 : 사물이나 사건을 직접적으로 거론하지 않고, 주변 정황이나 인물들의 태도 등으로 간접적으로 그 존재를 암시하는 서술 방법이다. 암시적 묘사는 대상에서 받은 인상이나 느낌을 가능한 한 생생하게 전달하는 데 초점이 있다. 독자의 상상력을 자극하여 심미적 즐거움과 감동을 줄 수 있다.

예) "묵은 눈이 갈라진 자리에 햇빛이 스몄다. 헐거워진 흙 알갱이 사이로 냉이가 올라왔다. 흙이 풀려서 빛이 드나드는 틈새를 싹이 비집고 나왔다. 바늘 끝 같은 싹 밑으로 실뿌리가 흙을 움켜쥐고 있었다. 행궁 뒷마당과 민촌의 길바닥에, 산비탈이 흘러내려 들에 닿는 언덕에, 냉이가 지천으로 돋아났다."

- 김훈, 《남한산성》, 학고재, 2017

묘사는 대상이 간직한 정보나 감성적인 인상을 독자에게 전달하는 가운데, 상상력을 자극해 그에 대한 이해와 공감을 높이는 기술이다. 그렇기에 묘사에서는 대상에 대한 지배적인 인상을 효과적으로 드러내는 일이 중요하다. 묘사를 잘할 수 있는 방법을 알아보자.

① 묘사하고자 하는 대상을 세밀하게 관찰한다.

묘사하고자 하는 대상에 대한 세부사항을 명확하게 이해할 수 있어야 구체적으로 표현이 가능하다. 묘사하는 대상을 세밀하게 관찰하면서 얻어낸 정보를 충실히 기록한다.

② 어떤 사항에 초점을 두어 묘사할 것인지 결정한다.

대상의 총체적 인상에 기여하는 세부 사항의 목록을 작성한 뒤, 중요한 것과 부수적인 것을 구분하여 무엇을 세밀하게 묘사하고 또 무엇을 생략할지 판단한다.

③ 대상에 대한 지배적 인상과 세부적인 사항들을 긴밀하게 연결시킨다.

대상의 세부적인 내용들을 단순히 열거하는 것이 아니라 전체와 부분, 부분과 부분이 긴밀하게 연결될 수 있도록 구성한다. 이때 전체적인 윤곽을 먼저 그린 후 세부적인 사항을 묘사하는 것이 효과적이다.

④ 정확하고 사실적인 언어를 사용한다.

'좋다, 나쁘다, 옳다, 그르다'와 같은 주관적이고 애매한 표현을 사용하지 않는다. 또한 '크다, 작다, 멀다, 가깝다'와 같은 상대적인 표현보다 정확한 수치, 거리, 속도, 질량 등을 나타내는 계량적인 언어를 사용한다.

⑤ 독자에게 더 익숙한 사물에 빗대어 대상을 묘사하는 것이 효과적이다.

'흉터가 동그랗게 크게 남았다'보다는 '오백 원짜리 동전만 한 크기의 흉터가 동그랗게 남았다'처럼 표현하라. 독자가 더 선명한 이미지를 상상한다.

Q : 글의 단조로움을 어떻게 피할 수 있나요?

A : 수사 기법(비유법, 강조법, 변화법)을 활용하여 글에 변화를 주어 느낌이나 의미를 새롭게 하고 문장을 다양하게 표현하면 글의 단조로움이나 지루함을 방지할 수 있습니다.

글 내용을 효과적으로 표현하려면 다양한 표현 기법을 적재적소에 적절히 활용하는 게 필요하다. 수사 기법은 자기 사상과 감정을 효과적으로 전달하는 언어를 특정한 방식으로 나타내는 문장 표현 기법이다. 작가는 다양한 수사 기법을 활용해서 글 의미를 잘 전달하게 할 수 있다. 또한 인상적인 글을 만들 수 있다. 수사 기법은 크게 비유법, 강조법, 변화법으로 나눌 수 있다.

> **Executive Summary**
>
> 수사 기법: 자기의 생각이나 느낌 등을 특별한 방식으로 전달하는 기술
>
> 수사 기법의 종류
>
> ① 비유법(직유법, 은유법, 풍유법, 대유법, 의인법, 상징법)
>
> ② 강조법(과장법, 대조법, 반복법, 점층법)
>
> ③ 변화법(반어법, 도치법, 대구법)

① 비유법

표현하려는 대상이나 내용(원관념)을 다른 대상이나 내용(보조관

념)에 빗대어 표현하는 수사 기법이다. 비유법을 쓰면 표현의 구체성, 선명함, 인상적인 효과를 얻을 수 있다. 더 쉽고 빠르게 전달할 수 있고 이해나 설득력을 높이는데 효과적이다. 비유법에는 다양한 하위 기법이 있다.

가. 직유법 : 원관념을 보조관념에 직접 연결시켜 나타내는 기교.

예) "어머님은 30대 같아요."

나. 은유법 : "A(원관념)은 B(보조관념)다."의 형태로 나타내는 기교.

예) "내 마음은 호수다."

다. 풍유법 : 원관념은 그러내지 않고 보조관념으로 뜻을 암시하여 나타내는 기교. 속담이나 격언 등으로 간접적으로 표현된다.

예) "빈 수레가 더 요란하다."

라. 대유법 : 사물의 전체를 그 일부분이나 특징으로 간접적으로 표현하는 방법.

예) "요람에서 무덤까지"라는 표현에서 '요람'은 탄생을 의미하고, '무덤'은 죽음을 의미한다. "빵이 아니면 죽음을 달라."라는 표현에서 '빵'은 식량을 의미한다.

마. 의인법 : 사람이 아닌 사물이나 관념을 사람처럼 표현하는 방식. 무생물이 생물처럼 느껴지게 표현하는 효과가 있다.

예) "모든 산맥들이 바다를 연모해 휘날릴 때에도" 산맥들이 바다를 마치 사람이 사랑하는 것처럼 표현한 것이다.

바. 상징법 : 사물의 의미나 특징을 직접적으로 드러내지 않고

다른 사물에 비유하여 표현하는 방법이다. 상징법은 원관념과 보조관념 간의 직접적인 연관성이 드러나지 않는다.

예) '비둘기' 서양에서 평화를 상징, 평화와 조화를 나타내는 상징으로 주로 사용

'소나무' 굳건함과 끈기를 나타내며, 절개와 지조를 표현하는데 사용

'백합' 순수하고 깨끗한 이미지를 가지고 있어 순결을 나타내는데 주로 사용

② 강조법

강조법은 표현하려는 대상이나 내용을 부각하려고 사용하는 수사 기법이다. 내용상 대상이 지니고 있던 익숙한 느낌에서 오는 평이함과 단조로움을 깨뜨리는 데 그 목적이 있다. 이런 강조법은 문장에서 특정 부분을 강조하여 의미를 더욱 강렬하게 전달한다.

가. 과장법 : 사물의 실상보다 크거나 작게 나타내는 표현 방법.

예) "백의 천사" 매우 순수한 사람, "인산인해" 수없이 많은 사람이 모인 상태

나. 대조법 : 단어나 구절을 서로 반대되게 나타내어 강조하는 방법

예) "인생은 짧고 예술은 길다.", "달면 삼키고 쓰면 뱉는다."

다. 반복법 : 같은 단어나 구절을 반복하여 나타내는 방법

예) "식탁에는 갈비찜, 불고기, 피자 등이 가득 차려져 있다."

라. 점층법 : 점점 어구를 겹쳐서 문장의 느낌을 강화시켜 내용을 절정으로 이끄는 방법

예) "나를 위해, 가정을 위해, 국가를 위해, 세계를 위해"

③ 변화법

변화법이란 어구나 서술에 변화를 주어 느낌이나 의미를 새롭게 하고 독자의 시선을 끄는 수사법이다. 글의 형식상 단조로움이나 지루함을 방지할 수 있다. 문장을 다양하게 표현하여 의미를 더욱 풍부하게 전달하는 데 사용된다.

가. 반어법 : 겉으로 표현한 내용과 속마음에 있는 내용을 서로 반대되게 말하는 수사법

예) "나 보기가 역겨워 가실 때에는 죽어도 아니 눈물 흘리오리다."

나. 도치법 : 문장의 정상적인 순서(배치)를 바꿔서 변화를 주어 표현하는 방법

예) "보고 싶어요, 그녀가", "그립구나, 헤어지고 나니"

다. 대구법 : 비슷하거나 동일한 문장 구조를 나란히 배치하여 표현하는 방법

예) "가는 말이 고와야 오는 말이 곱다.", "인생은 짧고, 예술은 길다."

Q : 인상적인 마지막 문장은 어떻게 쓰나요?

A : 독자에게 글이나 이야기를 더 오래 기억하게 만들기 위해 마지막 문장은 인상 깊게 센스 있게 여운을 남기세요.

시작과 마무리 중 어느 쪽이 더 중요할까? 마무리다. 건축에서 마감, 장식이 건물의 아름다움을 좌우한다. 선물도 포장이 중요하다. 운동경기 중 권투는 매 라운드마다 점수를 매긴다. 마지막 라운드에서 펼친 인상적인 공격은

Executive Summary

인상적인 마지막 문장을 쓰는 방법
① 여운 남긴다.
② 책의 핵심을 정리한다.
③ 제목과 일치하는 메시지 배치하라.
④ 자신의 언어로 표현하라.
⑤ 물음표로 끝내라.

심판에게 깊은 인상을 심어주어 경기 승패에까지 영향을 미친다.

책도 마지막 단락과 마지막 문장은 책 전체 인상 짓는 부분으로 매우 중요하다. 이렇듯 인상적인 느낌을 남기는 것은 '여운(餘韻)'이라 한다. 대개 할 말은 마지막에서 살짝 빠져나와 전체를 마무리하는 문장을 쓰게 된다. 이때 독자 가슴에 남을 감동을 주어야 한다. 밋밋하거나 싱겁게, 단조롭게 끝나면 안 된다. 인상 깊게, 센스

있게 여운을 남겨야 한다. 인상적인 마무리를 하는 이유는 독자에게 글이나 이야기를 더 오래 기억하게 만들기 위해서다.

《이방인》은 첫 문장과 마지막 문장이 가장 완벽한 소설 중 하나로 손꼽힌다. 알베르 카뮈가 쓴 작품으로 마지막 문장은 주인공 뫼르소가 살인 사건으로 사형 선고를 받은 후, 그의 내면 상태를 담고 있다.

"모든 것이 완성되려면 내게 남은 소원은 오직 하나, 내가 덜 외로워하도록 내가 사형 집행을 받는 그날 많은 구경꾼들이 몰려 와 증오에 가득 찬 함성으로 나를 맞아주었으면 하는 것뿐이었다."

이 문장은 뫼르소의 내면의 변화와 죽음의 접근을 나타내며, 독자에게 깊은 감동을 전달했다. 더불어 시적이면서 철학적인 문장이 주는 큰 매력이 있다. 이 외에 마지막 문장이 유명한 작품을 더 보자. 여러 가지 방법으로 인상적인 마무리를 만들 수 있다.

"그리하여 우리는 조류를 거스르는 배처럼 끊임없이 과거로 떠밀려 가면서도 앞으로 앞으로 계속 나아가는 것이다."
- 프랜시스 스콧 피트제럴드, 《위대한 개츠비》, 1925

"예전의 장미는 그 이름일 뿐, 우리에겐 그 이름들만 남아있을 뿐." - 움베르토 에코, 《장미의 이름》, 열린책들, 2006

"창밖의 동물들은 돼지에게서 인간으로, 인간에게서 돼지로, 다시 돼지에게서 인간으로 시선을 옮겼다. 그러나 누가 돼지고 누가 인간인지, 어느 것이 어느 것인지 이미 분간할 수 없었다."

– 조지 오웰,《동물농장》, 민음사, 2001

"내일은 또 내일의 해가 뜨는 법이니까."

– 마거릿 미첼,《바람과 함께 사라지다》, 열린책들, 2010

"덜컹거리는 달리는 버스 속에 앉아서 나는, 어디쯤에선가, 길가에 세워진 하얀 팻말을 보았다. 거기에는 선명한 검은 글씨로 '당신은 무진읍을 떠나고 있습니다. 안녕히 가십시오.'라고 씌어 있었다. 나는 심한 부끄러움을 느꼈다. – 김승옥,《무진기행》, 민음사, 2007

"누구에게든 아무 말도 하지 말아라. 말을 하게 되면 모든 사람들이 그리워지기 시작하니까."

– 제롬 데이비드 셀린저,《호밀밭의 파수꾼》, 문예출판사, 1998

마지막 문장을 효과적으로 작성하려면 다음 사항을 고려해 써라.
① 여운 남긴다.
어색하지 않으면서 여운이 남는 마무리를 하라. 독자의 상상력을 자극하는 문장을 고려하라.

② 책의 핵심을 정리한다.

마지막 문장은 책의 핵심 메시지를 강조하라.

③ 제목과 일치하는 메시지 배치하라.

마지막 문장에는 제목과 일치하는 메시지를 배치하거나 첫 문장과 마지막 문장을 비슷하게 만들어라. 이는 독자의 기억에 남게 하는 방법이다.

④ 자신의 언어로 표현하라.

마지막 문장을 작성할 때 자신만의 언어로 표현하라. 본인 감정이나 의견을 담아 독자에게 전달하라.

⑤ 물음표로 끝내라.

독자에게 생각의 기회를 부여하는 방법이다. 독자를 생각하게 만듦으로써 인상적인 마무리를 할 수 있다.

인상적인 마무리를 위해 주의해야 할 점이 있다. 마무리에 부담을 가질수록 마무리가 잘 안 써진다. 본론의 뒷받침 생각이나 주장이라고 생각하면 좋다. 7줄 이내로 한정해 써라. 서론과 본론을 쓰면서 결론에 쓸 내용을 앞당겨 쓰지 않아야 한다.

4부_퇴고

end of story.

진짜 책을
만드는
마지막
담금질

50일 차 초고 완성

Q : 초고를 빠르게 완성하는 방법은 무엇인가요?
A : 자기 검열 없이, 시간제한을 두고, 생각의 흐름에 따라 초고를 쓰세요.

Executive Summary
초고를 빠르게 완성하는 방법
① 자기 검열 없이 초고 쓰기
② 시간제한을 두고 초고 쓰기
③ 생각의 흐름에 따라 초고 쓰기

"모든 문서의 초안은 끔찍하다. 글 쓰는 데에서 죽치고 앉아서 쓰는 수밖에 없다. 나는 '무기여 잘 있거라'를 마지막 페이지까지 총 39번 새로 썼다."

- 어니스트 헤밍웨이

'어떻게 하면 글을 잘 쓸까?' 우리는 흔히 글을 잘 쓰기 위해서는 타고난 재능이 있어야 한다고 생각한다. 그러나 글쓰기는 특별한 재능이 아니라 끊임없는 노력으로 얻을 수 있다. 훌륭한 작가도 최고의 작가로 평가받기 전에 수많은 좌절을 겪었지만 끊임없는 노력으로 최고의 작품을 만들었다. 실제로 어니스트 헤밍웨이는 《무기여 잘 있거라》 마지막 부분을 39번이나 고쳐 쓰고야 만족했으며, 톨스토이도 《전쟁과 평화》 인쇄 교정쇄가 나올 때까지도 고쳐 썼다고 한다.

작가는 대부분 자기가 쓴 글을 다시 보면 고치고 싶어 한다. 마침표를 찍고도 쉽게 미련을 버리지 못한다. 더 나은 글을 쓰려는 작가의 집착은 대단하다. 그런 유명 작가도 그러한데 초보 작가는 어떻게 글을 써야 할까? 어느 작가나 초고는 쓰레기다. 퇴고는 나중에 한다고 생각하고 우선 써야 한다.

초고는 빨리 쓰고, 수정은 여유 있게 써야 한다. 쓰는 것이 곧 고치는 것이라는 말이 있다. 그만큼 글을 쓴다는 일은 수정 작업의 연속이기도 하다. 초고 쓰기와 수정하기는 성격이 다르다. 초고 작성은 최대한 빠르게, 수정은 여러 번 천천히 해야 하는 작업이다. 초고를 쓸 때는 한 번에 완벽하게 쓰려고 하지 말고 자유롭게 써 나가라. 수정할 때는 빨리 마치려 하기보다 꼼꼼하게 보는 편이 좋다. 초고와 수정을 동시에 진행하기보다 초고를 최대한 빨리 쓰고 수정을 되도록 오래 하는 것이 좋다. 초고 쓰기와 수정하기의 차이점을 명확히 인식하고 초고를 최대한 빨리 마무리하라.

모든 책 쓰기 초안은 끔찍하다. 초고를 빨리 쓰는 법을 소개한다. 참고하여 초고를 최대한 빠르게 완성하라.

① 자기 검열 없이 초고 쓰기

글을 먼저 쓴다. 퇴고는 생각하지 않고 글을 계속 써 내려가라. 이 방식은 글쓰기 부담을 줄이고, 글을 빠르게 완성할 수 있다.

② 시간제한을 두고 초고 쓰기
완벽을 추구하지 않고, 글을 빠르게 쓰는 방식이다. 1꼭지마다 시간을 정해 놓고 그 시간 안에 완성해야 한다. 이 방법은 글쓰기 부담을 줄이고 글을 더 빠르게 완성할 수 있게 도와준다.

③ 생각의 흐름에 따라 초고 쓰기
미리 구상했던 생각 파편을 재조합하거나 숙고하지 않고 글을 쓴다. 이 방식은 글이 더 자연스럽게 흘러나오게 한다.

초고 완성하기는 쉬운 작업은 아니다. 스스로 책 쓰는 방법을 깨우쳐 작가가 되는 사람도 있는데 꼭 책 쓰기 코치한데 배워야 하는지 묻는 사람이 있다. 책 쓰기는 어려운 작업임에 틀림없다. 서점에 가도 책 쓰기에 관련된 많은 책들이 있다. 한 분야에 10년 이상 뭔가를 한 사람은 콘텐츠가 풍부하다. 그런 분들은 준비된 사람이다. 책 쓰기에 대한 방법론만 배우면 충분히 책을 쓸 수 있다. 하지만 책 쓰기 경험과 실력이 부족한 사람은 처음부터 책을 잘 쓸 수는 없다. 그런 분들은 전문가에게 배우면 책 쓰기 시간을 단축하고 시행착오를 줄일 수 있다. 거인의 어깨 위에 올라타 책 쓰기를 배운다고 생각하면 된다.

시간을 아끼고 제대로 된 책을 쓰고자 한다면 책 쓰기도 실력 있고 내공 있는 제대로 된 책 쓰기 코치한테 배워야 한다. 돈만 밝히는 책 쓰기 코치, 실력 없고 내공 없는 책 쓰기 코치, 책임감 없는 책 쓰기 코치는 절대 피해야 한다. 이 책을 쓴 이유는 더 많은 사람들이 책을 써서 더 나은 삶을 살기를 바라면서 썼다. 책을 써서 인생이 바뀌는 것은 정말 맞다. 세상을 보는 눈이 바뀌고 삶도 더 적극적이고 긍정적으로 바뀐다. 주변 사람들의 시선도 바뀐다. 정말 아무 꿈이나 희망도 없이 살아온 나도 책을 쓴 이후로 많은 삶의 목표가 생기고 의미를 찾게 되었다. 그래서 더 많은 사람들이 책을 쓰길 바라고 그런 사람들을 돕고 싶다. 만약 이 책을 보고 책을 쓰고 싶거나 쓰면서 어려운 점이 있으면 언제든지 나에게 도움을 청해도 좋다.

 |책 쓰기 TIP|
이흥규 작가 연락처 : 010-6788-7374
이메일 : crossbones1@naver.com

51일 차 퇴고 유래

Q : 퇴고의 뜻이 뭐죠?

A : 퇴고의 뜻은 '민다'고 할지 '두드린다'고 할지 고민하다란 뜻이다. 글을 지을 때 문장을 가다듬는 것을 말한다.

Executive Summary

퇴고의 기능
① 글을 올바르게 수정하는 직접적인 기능
② 작품을 구상하는 능력 및 전개기술 능력을 향상
③ 최종적으로 바른 표현, 좋은 표현력이 커져 작문 능력 향상

퇴고는 글을 다듬고 수정하는 과정을 말한다. 주로 시, 소설 등의 문학작품에서 편집을 하는 과정에 포함된다. 이 단어는 당나라 시대의 유명한 시인 가도와 한유의 에피소드에서 유래했다. 퇴고의 뜻은 '민다'고 할지 '두드린다'고 할지 고민하다란 뜻이다. 글을 지을 때 문장을 가다듬는 것을 말한다. 퇴고라는 말은 중국 당나라 시대, 가도라는 사람이 과거를 보러 장안으로 가고 있었다. 그러다가 시상이 떠올라 시를 한 수 지었다.

"새는 못가의 나무에서 잠자고, 스님은 달 아래의 문을 미는구나."(鳥宿池邊樹 僧推月下門)

그런데 마지막 구절에서 문을 '민다(推 밀 퇴).'는 표현과 문을 '두드린다(敲 두드릴 고).'는 표현 중 무엇을 써야 할지 결정하지 못해 고민이 되었다. 그렇게 고민을 하다가 마침 그곳을 지나던 수도 장관급인 경조윤이자 대문장가인, 한유의 행차와 부딪혔다. 가도는 한유의 앞에 끌려가서 자신이 행차와 부딪힌 이유를 말했다. 그러자 한유는 가던 길을 멈추고 한참을 생각하다가 이렇게 말했다.

"'고(敲)'자를 쓰는 것이 좋을 것 같소."

그리고 둘은 함께 오랫동안 머물면서 시에 대해 열띤 토론을 벌였고, 절친한 사이가 되었다는 이야기가 전해 내려온다.

글쓰기 완성은 다듬고 고치기에 있다. 자신이 쓴 글이 적절하게 잘 표현되었는지 검증하고 교정하는 과정을 거쳐야 한다. 세부적으로는 표현 방법을 중점적으로 살펴보지만 책 전반 전체 과정을 점검하는 것에 해당한다. 초고는 퇴고의 여지가 항상 남아있다.

퇴고 과정을 거침으로써 부분적인 표현 오류뿐 아니라 주제에서 어긋나는 부분이 없는지 검토해야 한다. 통일성, 일관성, 논리성이 뒷받침되어야 한다. 사실 글을 수정하는 시기는 글쓰기 전체 과정에서 이뤄진다. 가장 좋은 퇴고 시기는 매 꼭지가 작성이 되면 그때마다 퇴고 과정을 거치는 것이 좋다. 다른 사람에게 보이는 것도 좋은 방법이다. 남의 시각으로 바라보면 어색하게 느끼는 부분이 꼭 나오기 마련이기 때문이다.

겸허한 마음으로 타인의 지도와 협조, 적절한 비평, 의견 교환이 퇴고의 효과를 크게 만든다. 타인에게 자신의 초고를 보여주는 것은 두렵고, 어색한 일이지만 다른 사람의 피드백이 자신의 글을 더 매끄럽고 윤택하게 만들어준다. 퇴고의 기능은 글을 올바르게 수정하는 기능 외에도 작품을 구상하는 능력을 다시 환기하고 전개 기술 능력을 향상시킨다. 최종적으로는 바른 표현, 좋은 표현력이 커져 작문 능력이 좋아진다.

퇴고는 오탈자를 고치는 단계부터 더 알맞은 표현을 찾는 일까지 여러 단계가 있다. 퇴고는 다시 읽고 고치는 것이 가능한 글의 특성 때문에 존재하는 글에서만 있는 절차다. 글과 달리 말에는 퇴고가 불가능하다. 고치기 가능한 글의 특권을 저버리고 퇴고를 성실히 하지 않는 것은 무성의한 글쓰기 자세다. 퇴고는 글 마무리 단계로서 한 번이라도 더 손보겠다는 자세가 필요하다.

퇴고를 열심히 한 사례는 송(宋) 대의 소동파[15]가 있다. 적벽부(赤壁賦)라는 유명한 글을 지은 후 친구가 찾아왔다. 그 친구는 소동파

---

[15] 소식(蘇軾, 1037년 1월 8일 ~ 1101년 8월 24일)은 중국 북송 시대의 시인이자 문장가, 학자, 정치가다. 그의 자(字)는 자첨(子瞻)이고 호는 동파거사(東坡居士)였다. 스스로를 동파거사하고 칭했고 흔히 소동파(蘇東坡)라고 부른다. 시(詩), 사(詞), 부(賦), 산문(散文) 등 모두에 능해 당송팔대가의 한 사람으로 손꼽혔다.

에게 며칠 만에 글을 지었냐고 물었다. 이에 소동파는 단번에 지었다고 말을 하였고 친구는 '과연 천재로구나'하며 감탄했다. 잠시 후 소동파가 밖으로 나갔을 때 친구 눈에는 소동파가 앉았던 자리가 눈에 띄었다. 그 자리를 들춰보자 수북한 종이가 쌓여 있었다. 그 종이는 소동파가 고치고 또 고친 초고였으며 한 삼태기나 쌓여 있었다고 한다.

러시아에서 가장 아름다운 문장을 썼다는 투르게네프[16]도 어떤 문장이든지 쓴 뒤 발표하는 일 없이 원고를 책상 서랍 속에 넣어 두고 석 달에 한 번씩 꺼내보며 다시 고쳤다고 한다. 마지막으로 글자 한 자마다 완벽함을 기했던 구양수도 초고를 벽에 붙여 놓고 방을 드나들 때마다 그것을 고쳤다고 한다.

동서고금을 막론하고 위대한 작가는 하나의 작품이 탄생되기까지 수백 번을 고치고 다듬는 지극한 노력이 있었다는 것을 기억해야 한다.

---

16) 이반 세르게예비치 투르게네프(1818년11월9일 ~ 1883년9월3일) 러시아 고전 작가들 가운데 가장 서구적인 작가로 알려져 있으며 그의 작품들은 모든 사회 문제를 주제로 삼고 있다. 특히 서정미 넘친 아름답고 맑은 문체, 아름다운 자연 묘사, 정확한 작품 구성, 줄거리와 인물 배치상의 균형, 높은 양식과 교양은 널리 알려져 있다.

52일차 숙성 과정

Q : 집필의 숙성 과정은 어떻게 되나요?
A : 초고를 완성하면 객관적 시선과 창의적 활동을 위해 3~5일 정도 쉬세요.

Executive Summary

초고를 완성하면 3~5일 정도 쉬어라. 초고를 쓴 후 쉬어야 하는 이유
① 객관적 시선 필요
② 창의적 휴식 필요
③ 물리적 휴식 필요

"쓴 글을 고칠 때에는 꽤 시간이 흐른 뒤에 해라." - 제이디 스미스[17]

모든 일에는 적절한 순서와 방법이 있다. 퇴고를 하기 전에 꼭 해야 할 일이 있다. 초고 완성한 후에는 꼭 3~5일 정도 쉬어라. 퇴고를 할 때는 초고에 대한 시간적 거리가 절대적으로 필요하다. 스티븐 킹은 약 6주의 시간적 거리를 두고 수정을 한다고 했다. 이 정도 시간을 확보하기는 힘들더라도, 최소한 3~5일 정도 시간을 두고 수정하기를 권한다.

---

17) 제이디 스미스(Zadie Smith, 1975~) : 영국의 소설가, 수필가, 단편작가다. 그녀의 데뷔 소설, White Teeth(2000)는 즉시 베스트셀러가 되었고 여러 상을 수상했다. 2010년 9월부터 New York University의 Creative Writing 교수진에서 종신 교수로 재직하고 있다.

초고가 완성되면 잠시 글을 멈추고 그동안 미처 보지 못한 자료들을 추가로 검토하라. 산책이나 여행 등을 하며 기분 전환한 뒤 다시 돌아와 수정하는 것이 현명한 방법이다. 물리적 거리를 두는 것만으로도 시간적 거리를 두는 것과 비슷한 효과를 낼 수 있기 때문이다.

"왜 초고를 완성한 후에 꼭 쉬어야 하나?"

① 객관적으로 다시 내 작품을 봐야 하기 때문이다. 초고를 작성한 후에는 가능한 한 객관적인 시선이 필요하다. 이를 위해 작성한 초고를 3~5일 정도 보지 않고 다른 일을 하거나 휴식을 취하라. 일정 시간이 지난 후 내 글을 다시 보면 다른 사람이 쓴 글처럼 보인다. 그때 객관적인 퇴고가 가능하다.

② 잠시 멈추어 쉬는 것은 시간을 낭비하는 것도 아니고 도태되는 것도 아니다. 이것은 더 나아가기 위한 일종의 숨 고르기다. 초고를 완성 후 잠시 쉬는 것은 창의적 활동에 도움이 된다. 책 쓰기 과정은 뇌를 많이 사용하므로 휴식을 해야 아이디어를 정리하고 새로운 관점을 얻을 수 있다.

③ 책 쓰기 작업은 정신과 육체가 많이 사용하는 활동이다. 초고를 완성한 후 며칠 쉬면 몸이 회복되고 더 나은 상태로 작업을 이어갈 수 있다.

Q : 글이 주제에서 자꾸 벗어나는데 왜 그런가요?
A : 글을 쓰다 보면 조금 더 설명하고 싶은 욕심이 생깁니다. 그래서 불필요한 설명이나 사례가 들어갑니다. 그래서 주제에서 벗어난 글이 됩니다.

Executive Summary

체호프의 총으로 퇴고하면 좋은 점
① 무의미한 부분이 없어진다. (흐름을 더 명확하게 만든다.)
② 작가가 원하는 방향으로 글이 나아간다.
③ 모든 요소들이 유기적으로 연결된다. (독자를 더 깊게 끌어들인다.)

"이야기와 직접적인 관계가 없는 것들은 무자비하게 버려야 한다. 예를 들어 1장에서 총을 소개했다면 2장이나 3장에서는 반드시 총을 쏴야 하며, 만약 쏘지 않을 것이라면 과감하게 없애버려야 한다." - 안톤 체호프[18]

---

18) 안톤 체호프: 안톤 파블로비치 체호프(1860년~1904년)는 러시아의 의사, 단편 소설가, 극작가. 알렉산드르 푸시킨에서 시작되어 표도르 도스토옙스키와 레프 톨스토이로 절정을 이루었던 러시아 문학 황금시대의 마지막을 장식한 대문호로 꼽힌다. 러시아에서는 체호프를 "황혼의 작가"라는 별명으로 부른다.

'체호프의 총'이란 말을 들어 보았는가? 러시아 작가 안톤 체호프가 제시한 문학 이론이다. 쓰지 않을 장치라면 없애버리고 등장한 요소에 대해선 그 효과가 있어야 한다. 이야기에 무의미한 부분이 없어야 한다. 쓸데없이 설정만 장황하게 늘어놓고 그 설정을 설명하지 않고 어물쩍 넘기는 작가를 비판하는 말이기도 하다.

작가가 글을 쓰면서 넣는 요소(소재)들이 중간에 등장해서 독자에게 소개되었다면, 그 소개된 것들이 기능을 해야 한다. 그냥 작가가 생각나는 대로 아무 의도 없이 써버리고 독자는 그것이 뭔가 의미하는 바가 있을 거라 기대했는데, 책 전체에 기여하는 바 없으면 맥이 빠진다. 발사되지 않을 총이 등장해선 안 된다. 만약 특정 요소(소재)를 강조해 소개했다면 그것은 반드시 사용되어야 한다는 뜻이다. 이 개념이 '체호프의 총'이다.

이 체호프의 총을 가지고 퇴고를 하면 글이 어떻게 좋아지나?
① 퇴고를 할 때 내 글에 체호프의 총이 있는지 찾아보는 보자. 예를 들어 책에서 동갑인 회사 선배가 등장했는데 그 사람이 동갑이어야 하는 이유가 있나? 동갑이라는 사실이 독자가 이해하는 데 도움이 되었나? 스스로 질문해 보면 퇴고를 하는 데 엄청난 도움이 된다. 무의미한 요소를 배제하고 서술 낭비를 줄일 수 있다.

② 체호프의 총이 반드시 물리적인 사물만을 의미하지는 않는

다. 그것이 글을 끌고 나가는 역할을 한다면 인물이건, 사건이건, 사회적인 배경이건 상관없다. 작가가 원하는 방향으로 그 인물이나, 사건이나, 사회 배경이 잘 가고 있는지 확인해야 한다.

③ 체호프의 총을 활용해 유기적인 연결이 되었는지 확인하면 퇴고에 도움이 된다. 어떤 요소는 극 분위기를 끌어가고, 어떤 요소는 분위기를 반전하고, 어떤 요소는 감정 상태를 나타낸다. 체호프의 총을 이용해서 퇴고하면 작가가 말하고자 하는 것은 한 편의 책 속에서 모든 요소들이 유기적으로 연결된다.

초보 작가는 분량 걱정으로 상관도 없는 불필요한 요소를 자꾸 넣는다. 그러면 글이 더 지저분해질 뿐이다. 사용하지 않을 요소를 일부러 부각시켰다면, 분량과 노력 낭비. 책 완성도가 떨어진다. 체호프의 총을 이용해서 퇴고하면 독자의 호기심을 자극하고 책을 더 흥미롭게 만들 수 있다. 딱 필요한 내용만으로 정제된 글을 쓰면 독자는 신선한 충격과 정교하게 짜인 구성에 감동한다.

예비 작가들이 많이 질문하는 것이 있다.
"글을 쓰다가 자꾸 주제에서 벗어나서 삼천포로 빠져요."
"처음에 썼던 주제에서 자꾸 이상한 방향으로 흐르기도 하고, 제가 생각했던 결론으로 마무리를 지을 수 없는 경우가 생기는데 어떻게 해야 하나요?"

글을 쓰다 보면 자꾸 조금 더 설명하고 싶은 욕심이 생긴다. 자꾸 불필요한 설명이나 사례가 들어간다. 그래서 주제에서 벗어난 글이 된다. 해결할 수 있는 방법은 내가 글을 쓰면서 그 주제에 대해 할 말을 다 했으면 그만 멈춰라.

글을 어디서 마무리할지 결정하는 기준은 주제다. 주제가 나왔으면 더 이상 중언부언할 필요가 없다. 그래서 글을 쓸 때 꼭 필요한 것인 '12일차. [목차 구성 1] 목차는 왜 중요한가요?'이다. 목차에 적은 내가 하고 싶은 메시지나 결론을 보면서 글을 써라. 그래야 방황하지 않고 제대로 방향이 잡힌다.

54일차 퇴고 순서

Q : 완성도 높은 퇴고의 특별한 방법이 있나요?
A : 퇴고를 큰 영역에서 좁은 영역 순서로 좁혀 가세요. 큰 틀에서 고친 후에 나중에 세부적인 것을 고쳐 쓰면 효율적입니다.

"하루 온종일 교정보면서 오전에는 쉼표 하나를 떼어냈고, 오후에는 다시 붙였다." - 오스카 와일드

Executive Summary

퇴고 방법 (큰 영역 > 좁은 영역)
① 전체 검토(주제, 공감, 경험 제공, 전체 흐름)
② 단락 검토(단락별 주제, 논리, 다양한 표현 기법)
③ 문장 검토(잘못된 문장, 애매하거나 모호한 표현 확인, 문장 길이)
④ 맞춤법 검토(표준어, 어문 규범, 띄어쓰기, 오탈자 점검, 문장부호, 단어 선택)
⑤ 종합적인 검토(낭독하기, 주제와 제목 일치 여부 확인)

담금질은 쇠의 재질을 강하게 만들기 위한 과정이다. 쇠를 뜨거운 불에 가열해서 갑자기 물이나 기름 속에 담가 냉각시킨다. 그러면 뜨거울 때 팽창된 쇠의 조직이 붕괴되지 않고 그대로 굳으면서 강도가 세어진다. 담금질을 반복하면 할수록 쇠의 강도가 더 높아진다.

퇴고는 담금질과 같다. 좋은 책

을 완성하기 위한 시작이 초고라면 퇴고는 완성을 위한 담금질에 속한다. 두드릴수록 더 매끄럽고 예리한 문장이 된다. 잘 고치고 다듬기 위해서는 고치는 방법에 기준이 필요하다. 다시 말해 '무엇을 고칠까?'라는 점검 항목이 필요하다. 점검 항목은 많을수록 좋다. 고치고 다듬을수록 분명 글은 좋아진다. 특히 소리를 내어 읽으면서 고치는 방법을 추천한다. 초고를 퇴고하는 단계에서 한 번에 모든 걸 다 고칠 수는 없다. 여러 차례 반복해 고쳐쓰기를 하는 것이 좋다.

무슨 일이든 방법을 알면 쉽게 할 수 있다. 퇴고 방법에도 5가지 방법이 있다. 이 방법으로 퇴고를 하면 효율적이다. 체계적인 퇴고 방법을 거치지 않으면 글은 고치기가 더 어려워진다. 일반적으로 퇴고는 큰 영역에서 좁은 영역 순서로 좁혀 나간다. 큰 틀에서 고친 후에 나중에 세부적인 것을 고쳐 쓰면 퇴고 과정이 효율적이다.

[퇴고의 방법] [19]
① 전체 검토 단계
- 글 목적에 맞게 주제가 잘 드러나고 있는가?
- 독자 공감을 이끌고 있는가?

---

19) 퇴고의 방법: 이만식 김용경 원홍연 최영미, 《지식인의 글쓰기》, 한올, 2022, 189~191쪽

- 새로운 경험(정보, 지식)을 제공하고 있는가?
- 글 전반적인 흐름이 논리적이고 자연스럽게 이루어졌는가?

② 단락 검토 단계
 - 단락별 주제가 명료한가?
 - 각 단락은 주제를 타당성 있게 지지하면서 효율적으로 나타나고 있는가?
 - 단락과 단락이 논리적이고 긴밀하게 연결되어 있는가?
 - 다양한 표현 기법이 사용되고 있는가?

③ 문장 검토 단계
- 어색하거나 잘못된 문장은 없는가?
- 애매하거나 모호한 표현이 있는가?
- 문장이 반복되거나 쓸데없는 문장이 있는가?
- 문장 길이가 적절한가?

④ 맞춤법 검토 단계
- 맞춤법(표준어, 어문 규범, 띄어쓰기)을 잘 지키고 있는가?
- 오탈자가 있는가?
- 문장부호를 적절하게 사용하고 있는가?
- 단어 선택을 적절하고 정확하게 하고 사용하고 있는가?

⑤ 종합적인 검토 단계

- 이전 단계에서 검토된 내용이 잘 반영되었는가?

- 글 전체 페이지 구성과 단락 구분 방식을 잘 표현하고 있는가?

- 낭독해 부자연스러운 곳이 있는가?

- 글 주세와 세목이 일치하는가?

| 책 쓰기 TIP | 퇴고 과정은 필수다. 더하지 말고 덜어내라.

글을 쓴다는 것은 수정한다는 것이다. 화장이 마음에 안 든다고 그 위에 계속 덧바르면 돌이킬 수 없다. 글도 마찬가지다. 글은 간단명료해야 한다. 책의 내용이 더 재미있고 간단명료하게 되도록 더하지 말고 덜어내라.

미국의 대법관이자 명 변호사였던 루이스 브랜다이즈(Lewis Brandeis)는 이런 말을 했다.

"좋은 글쓰기란 없다. 오직 좋은 고치기만 있을 뿐이다."

55일차 오탈자 수정

Q : 오탈자를 줄이는 방법은 없나요?

A : 오탈자 수정은 최대한 여러 번 반복하는 것이 좋습니다. 주변 지인에게 검토를 요청하는 것도 좋은 방법입니다.

Executive Summary

맞춤법과 띄어쓰기를 잘못하면 글의 오류나 문장의 의미가 달라지는 문제뿐만 아니라 책의 신뢰도를 떨어뜨린다.

"거의 올바른 단어와 올바른 단어는 반딧불과 번갯불 차이다."

- 마크 트웨인

퇴고하면서 꼭 해야 할 것이 맞춤법과 띄어쓰기 검사다. 퇴고 과정은 글을 더 명확하고 읽기 쉽게 만들어준다. 맞춤법 오류가 있으면 문장 의미가 왜곡될 수 있다. 띄어쓰기 오류는 가독성을 떨어뜨린다. 그러나 이런 이유 말고 실질적으로 맞춤법과 띄어쓰기 오류를 수정해야 하는 이유는 이런 사소한 실수가 책 신뢰도를 떨어트리기 때문이다.

책을 읽으며 오탈자를 발견한 적이 누구나 한두 번 있을 것이다. 책을 출간해본 사람은 경험해 보았겠지만 신기하게 아무리 검토를 해도 오탈자가 계속 나온다. 꼼꼼히 보았는데도 오탈자가 나온다. 출판사에 투고를 하고 나면 전문적으로 오탈자를 수정하시는 분들이 계시는데 귀신같이 찾아낸다. 문장 끝에 따옴표가 빠지거나 부호가 잘못 사용된 경우 등 다양한 사례가 많다.

맞춤법 검사는 하나도 틀린 것이 없게 최대한 여러 번 반복하는 것이 좋다. 책을 다 쓰고 퇴고할 때는 꼭 '맞춤법 검사기' 도움을 받아 수정하면 좋다. 한글 프로그램에서도 맞춤법 검사 도구가 있으니 그걸 활용하면 된다. 맞춤법 검사 도구에서 나온 좋은 대체 표현이 뜬다. 이때 맞춤법 검사 도구에서 나온 대로 그냥 고치면 안 된다. 맞춤법 검사 도구에서 제시하는 설명을 보고 내가 쓴 의도와 맞는 것만 반영하면 된다. 예를 들어 고유명사, 외래어 등은 틀렸다고 표시돼도 틀린 게 아니다.

단어를 적절하게 사용했는지 확인하고 싶으면 국립국어원에서 제공하는 표준국어대사전을 활용하라. 같은 단어를 피하고 싶은데 유의어가 떠오르지 않으면 네이버 국어사전을 활용하라. 단어를 검색하면 동의어, 유의어, 반의어가 나오니 적절하게 골라 사용하면 된다.

아무리 뛰어난 사람이라도 자기가 쓴 글의 잘못이나 허점은 눈에 보이지 않을 수 있다. 아무리 하수라도 옆에서 훈수 두는 사람이 바둑을 직접 두는 고수보다 수를 더 잘 보는 경우와 같다. 아주 간단한 오자인데도 자기 눈에는 안 보이는 경우가 많은 것이 문제다. 혼자 글 쓸 때의 단점 때문에 동료한테 교정과 교열을 부탁하는 것이 바람직하다. 가까운 가족이나 친구가 있으면 부탁을 하면 좋다. 글은 다듬으면 다듬을수록 좋다. 친구나 가족 도움으로 초고를 다듬어라.

56일차 모순 찾기

Q : 글의 논리적 오류를 피할 수 있는 방법은 무엇인가요?
A : 모순이 있는지 확인하고 논리적 흐름과 논증의 일관성을 확인하세요. 그리고 정확한 단어를 사용하고 논리적 연결어를 사용하세요.

"자기 글을 가차 없이 대하라. 그렇지 않으면 독자가 그럴 것이다."

　　　　　　　　　　　　- 존 베리먼

Executive Summary
논리적 오류를 피하는 법
① 모순 확인
② 논리적 흐름 확인
③ 논증의 일관성
④ 정확한 단어 사용
⑤ 논리적 연결어 사용

퇴고 과정에서는 글이 논리적인지 꼼꼼히 봐야 한다. 모순이나 오해될 여지가 있는지 검토해야 한다. 논리적이지 않은 오류나 잘못, 추론의 형식이 아니거나 명제나 논거가 잘못 진술된 서술을 찾아야 한다.

논리적 오류를 피하려면 몇 가지 따라야 할 지침이 있다.

① 모순 확인 : 글을 쓸 때 모순이 있는지 확인하라. 예를 들어, '모든 새는 날 수 있다'와 '타조는 새다'라는 두 문장이 있을 때, 모순이 발생한다. 타조는 새이지만 날 수 없기 때문이다.

② 논리적 흐름 : 글 흐름이 일관되고 논리적인지 확인해라. 문단 간에 매끄럽게 이어지는지, 주제가 일관되는지 확인하라.

③ 논증의 일관성 : 글에서 제시하는 주장이 일관성 있게 논증되는지 확인하라. 예를 들어, "운동은 건강에 좋다"라는 주장을 할 때, 이를 논증하려면 관련 연구나 사례를 제시해야 한다.

④ 정확한 단어 : 정확한 단어를 선택하라. 모호한 용어나 표현은 독자의 이해를 방해한다.

⑤ 논리적 연결어 사용 : '또한', '그러므로', '반대로'와 같은 논리적 연결어를 사용해 문장과 문단 간의 관계를 분명하게 표현하라.

모순이 발생된 글을 어떻게 퇴고하는지 보자.

(예시 1) 연병장 앞을 나선 두 청년, 군복 밖으로 쭉 뻗은 두 팔, 퍽 씩씩한다.

'두 청년'과 '두 팔'이 맞지 않는다. 팔이 하나씩밖에 없는 청년들이 된다. 그렇다고 '네 팔'이라고 하면 너무 산술적이다. 그러니깐 둘이니 넷이니 할 것이 아니라 그냥 '팔들' 하면 된다. 또 '연병장 앞을 나선'이란 말도 오해하기 쉬운 말이다. '훈련이 끝난' 뜻보다도 '전쟁터'를 더 연상시킨다.

(퇴고 1) 부대 깃발이 높게 펼쳐진 연병장을 떠난 두 청년, 군복

밖으로 쭉 뻗은 팔들, 퍽 씩씩하다.

(예시 2) 미국 사업장의 크기가 2배로 줄어든다.
2배는 크기가 커지는 것이니깐, 줄어든다고 써야 할 때는 크기가 1/2로 줄이든다고 씨야한디.
(퇴고 2) 미국 사업장의 크기가 1/2로 줄어든다.

(예시 3) 동부늑대는 회색늑대 보다 수십 배 작은 크기다.
'수십 배'와 '작은'이 서로 모순된다. 수십 분의 1정도로 작은 크기라고 고쳐야 바람직하다.
(퇴고 3) 동부늑대는 회색늑대 보다 수십 분의 1정도로 작은 크기다.

(예시 4) 우리는 굉장히 작은 가방을 들고 이동했다.
'굉장히'는 엄청나고 웅장하다는 뜻이 담긴 말이므로 '굉장히 으리으리한' 같은 표현에 걸맞다. '굉장히 작은'은 모순 형용이다.
(퇴고 4) 우리는 아주 작은 가방을 들고 이동했다.

(예시 5) 아파트 계단에 물건을 쌓아 두면 최고 300만 원 이하의 과태료가 부과된다고 쓰여 있었다.
'최고 300만 원 이하'라는 구절은 틀린 표현이다. 이것은 과태료 최고액이 300만 원이라는 뜻이기 때문에 '최고 300만 원까지'라고 쓰거나 '300만 원 이하'라고 쓰면 맞다. 최고와 이하를 함께 사용하여 '최고 300만 원 이하'라고 쓰면 아주 어색하다.

(퇴고 5) 아파트 계단에 물건을 쌓아 두면 최고 300만 원 까지 과태료가 부과된다고 쓰여 있었다.

한자어 뜻을 제대로 이해를 못해서 모순되는 글을 쓰는 경우도 많다.

(예시 6) 근거 없는 소문이 회자되었다.

'회자'라는 말은 생선회와 구운 고기라는 뜻의 두 단어가 결합된 모습으로, 맛있는 음식이 사람들 사이에서 입에서 입으로 전해지는 것을 상징한다. 이러한 의미에서 회자는 널리 칭찬받으며 사람들 사이에서 전해지는 것을 의미하게 되었다.

(퇴고 6) 근거 없는 소문이 퍼졌다.

(예시 7) 영철이가 이번 선거에서 크게 일조했다.

'일조'는 一助(한 일, 도울 조) 두 글자가 합쳐진 것으로 조금 돕는다는 뜻이다. 따라서 '크게 일조했다'라고 쓰면 잘못된 표현이다.

(퇴고 7) 영철이가 이번 선거에서 크게 도왔다.

(예시 8) 한국대표팀의 이번 월드컵 축구 결승 진출이 거의 확실하다.

'거의 확실하다'처럼 '거의'와 '확실'을 함께 쓰는 것은 좋은 방식이 아니다. 아직 확정되지 않았는데 '사실상 확정'이라고 쓰는 것도 바람직한 방식은 아니다.

　(퇴고 8) 한국대표팀의 이번 월드컵 축구 결승 진출 확률이 어느 때보다 높다.

　이제 책 쓰기 과정 8주 차가 지났다. 지금까지 쉼 없이 달려온 당신에게 갈채를 보낸다. 이제 퇴고 시점이 되었다. 퇴고 시점에 작가는 자신의 글을 열린 마음으로 살펴봐야 한다. 비판적이고 객관적인 시선으로 문장, 단락, 구조를 검토해야 한다. 이 책에 나온 퇴고 방법을 따라 차근차근 나의 글을 검토해 보자.

57일 차 　자연스러운 문장

Q : 어색한 문장을 바꾸는 방법은 무엇인가요?

A : 원고를 A4용지로 출력해 소리 내서 읽어보고 어색한 문장은 수정하세요.

Executive Summary

A4로 출력해 소리 내어 읽으며 고치기의 장점

① 독자 관점에서 바라보게 된다.

② 천천히 생각하고 느끼면서 읽을 수 있다.

③ 자연스러운 문장을 만들 수 있다.

"말하는 것처럼 쓰라."

- 볼테르

퇴고 잘 하는 방법은 여러 가지다. 그 여러 가지 방법 중 제일 효과적인 방법은 소리 내어 읽기다. 쓴 글을 소리 내어 읽으면 퇴고를 효율적으로 할 수 있다. 소리 내어 읽을 때 원활하게 끊어 읽히지 않으면 수정해야 한다. 숨이 차거나, 앞으로 몇 번씩 되돌아가며 읽어야 한다면 그 부분 역시 수정을 해야 한다.

보통 요즘은 PC나 노트북으로 원고를 쓰므로 모니터로 원고를 검토한다. 그러나 모니터 작업 창을 통해 보지 말고 인쇄하여 검토하라. 자신이 쓴 글이 이미 시각적으로 익숙해져 있어 주의 환기를 위해 A4로 출력해서 보는 것이 효과적이다. 모니터로 검토하는 것이랑 전혀 다른 느낌이다. 자기가 쓴 글이 낯설어지면 새롭게 검토를 하게 되고 중요한 실수를 줄일 수 있다.

A4로 **출력해** 소리 내시 읽은 것은 세 가지 징점이 있다.

① 독자 관점에서 바라보게 된다.

소리 내어 글을 읽는 가장 큰 이유는 내 글을 독자 관점에서 보기 위함이다. 글을 쓰면서 마음속으로 생각하고 쓴 글을 소리 내어 읽게 되면 글이 낯설게 느껴진다. 본인 관점에서 보던 글을 독자 관점에서 글을 바라보게 되는 효과가 있다.

② 천천히 생각하고 느끼면서 읽을 수 있다.

소리 내어 읽는 것은 눈으로 읽는 것에 비해 천천히 읽을 수밖에 없다. 소리 내어 읽는 것은 자동차를 타고 가던 길을 천천히 걸어가는 것과 같다. 빠르게 달릴 때 보이지 못했던 것들이 눈에 보인다. 안보이던 오탈자나 맞춤법 오류, 문법 오류 등 다양한 것들이 소리 내어 읽으면 보인다.

③ 자연스러운 문장을 만들 수 있다.

소리 내어 읽는 것은 말하듯 읽어보는 것과 같다. 읽다 보면 너무 길어 읽기 어렵거나 멈춰지는 곳이 있다. 읽기가 어려운 곳은 읽기 쉬운 문장으로 바꿔라. 그렇게 수정하면 글이 훨씬 자연스럽게 된다. 눈으로만 읽다가 소리로 들려오는 문장을 귀로 들으면 느낌이 완전히 다르다. 보통 잘 쓴 글은 호흡이 매끄럽게 읽히고 강세나 멈춤이 자연스럽게 이어진다.

자신의 글쓰기 실력을 한 단계 업그레이드하고 싶으면 편안한 자세로 앉아 자신이 쓴 글을 A4로 출력해서 꼭 소리 내어 읽어라.

58일차 한글 특징

Q : 퇴고할 때 검토해야 할 것은 무엇인가요?

A : 좋은 글을 위해서 퇴고할 때 꼭 문법과 맞춤법을 검토하세요.

퇴고를 하려면 기본적인 문법과 맞춤법을 알아야 한다. 맞춤법을 지키기 어려워하는 이유는 적은 독서량과 글쓰기 연습 부족 등

> **Executive Summary**
> 좋은 글은 디테일에서 판가름 난다.
> → 좋은 글을 쓰기 위해서는 정확한 문법과 맞춤법을 알아야 한다.

다양한 이유가 있지만, 한글은 발음 대신 가독성 향상을 위해 형태소를 밝히는 형태로 정리가 되었기 때문이다. 또한 맞춤법 예외 규정이 너무 많기 때문에 일반인이 배워서 익히는 데 한계가 있기 때문이다.

글보다 말을 더 많이 사용하는 요즘, 맞춤법을 틀리게 작성하거나 신경 쓰지 않는 사람들이 크게 늘어나고 있다. 하지만, 사소한 맞춤법 오류를 보고 사람들은 글을 작성하는 사람의 지적 수준과 자질을 평가한다. 이런 사소한 맞춤법 오류로 작가의 수준과 자질을 의심받을 일이 없게 맞춤법과 문법에 맞게 글을 써야 한다. 좋

은 글을 쓰기 위해서는 정확한 문법과 맞춤법을 알아야 한다. 조금만 신경 쓰면 자주 사용되는 표현들 중심으로 금방 익숙하게 된다.

어휘력 차이로 글의 좋고 나쁨이 좌우된다. 자신의 견해와 주장을 제대로 전달하려면 적절한 어휘 사용이 필요하다. 글쓰기가 자주 막히는 것은 대개 어휘력 부족에서 비롯되는 경우가 많다. 어휘력은 많은 단어를 아는 것과 단어를 정확하게 사용하는 것을 포함한다. 문장에 필요한 요소를 빠뜨린다든가 불필요한 요소를 덧붙여도 온전한 문장이 되지 못한다. 어순이 틀려도 어색한 문장이 되며, 단어 하나를 잘못 써도 부적절한 문장이 된다. 단어는 문맥에 맞게 선택되어야 하고 문장 내 다른 요소들과 잘 조화를 이뤄야 한다.

• 주어를 빠뜨린 문장

우리말은 외국말에 비해 주어가 자주 생략되는 언어다. 이는 우리말 특성이기도 하다. 우리말은 이처럼 주어가 생략되어도 문법적으로 문제가 없고 의사소통에도 지장이 없다. 필요한 주어를 빠뜨리면 문법적으로 어색한 문장이 되거나 뜻이 제대로 전달되지 않는 경우도 많다.

(예시 1) 당신을 사랑해요.

어디 갔니?

스승보다 뛰어난 경우를 청출어람이라 한다.

아무것도 모른 채 전국의 모든 운동장을 마구 돌아다녔다. 그렇지만 돌아보건대 나의 세계관을 형성하는 데 많은 영향을 미쳤다.

(퇴고 1) 나는 당신을 사랑해요.

너는 어디 갔니?

우리는 스승보다 뛰어난 경우를 청출어림이라 한다.

아무것도 모른 채 전국의 모든 야구장을 마구 돌아다녔다. 그렇지만 돌아보건대 그 경험은 나의 야구관을 형성하는 데 많은 영향을 미쳤다.

• 앞뒤 호응이 어색한 문장

주어는 표현의 주체이고, 서술어는 이 주체의 행위나 속성을 나타낸다. 주체-행위, 주체-속성의 관계가 제대로 맞물려 들어가야 문장은 비로소 완성된다. 이런 맞물림을 문법적으로 '주술이 호응한다.'고 부른다. 주어와 서술어가 호응하지 않으면 그 문장은 온전한 문장이 아니다. 주어와 서술어가 호응하지 않으면 문장이 제대로 완성되지 않는데 문장이 길어질수록 이런 호응관계에 문제가 생기는 경우가 많다.

(예시 2) 등교 중에 있었던 그와의 언쟁은 전혀 우리의 잘못이다.

(퇴고 2) 등교 중에 있었던 그와의 언쟁은 모두 우리의 잘못이다.

아래는 호응 관계를 주의해야 할 단어들이다.

왜냐하면 ~ 때문이다.

그렇다고 해서 ~ 아니다.

전혀 ~ 않다.(못하다.)

모름지기 ~ 해야 한다.

• 조사를 잘못 쓴 문장

우리말의 여러 조사 중 가장 혼동하기 쉬운 조사는 특수조사 '은/는'이다. 특히 주격조사 '이/가'가 쓰일 수 있는 자리에 '은/는'이 쓰였을 때 주격조사와 어떻게 다른 의미를 가지는지 분명치 않다. 아래 문장을 영어로 번역하면 똑같은 문장이지만 우리말에서는 다소 차이가 있다.

나는 진정한 한국인이다.

내가 진정한 한국인이다.

'은/는'은 이러한 미묘한 용법 때문에 이 조사를 잘못 쓰는 일이 종종 있다.

(예시 3) 우리는 메이저리그에 특별한 관심을 쏟는 것은 김하성 선수와 이정후 선수 때문이다.

(퇴고 3) 우리가 메이저리그에 특별한 관심을 쏟는 것은 김하성 선수와 이정후 선수 때문이다.

• 수준을 나타내는 조사

우리말에서 조사의 적절한 사용은 매우 중요하다. 조사의 미묘한 차이를 익혀야 한다. 밑의 예문에서는 조사 한자의 차이가 전체 글의 뜻이나 어감이 바뀐다.

그림만 잘 그렸다. → 그림 이외의 다른 것은 형편없다.

그림은 잘 그렸다. → 단정할 수 없지만, 다른 것에는 별 재주가 없다.

그림을 잘 그렸다. → 다른 재주와 상관없이 그림을 잘 그렸다,

그림도 잘 그렸다. → 다른 재주도 좋고 더불어 그림도 잘 그렸다.

이렇게 '만 → 은(는) → 을(를) → 도'의 순으로 갈수록 평가의 수준이 높아진다.

• 명사를 가려 써야 하는 에게/에

'에게'는 '에'와 달리 유정 명사에만 쓰이고 '에'는 무정 명사 뒤에 온다. 유정명사는 인간이나 동물을 가리키고, 무정 명사는 인간 외의 조직이나 기관, 감정을 나타내지 못하는 식물이나 무생물 등을 말한다.

(예시 4) 당국에게 요구한다.

(퇴고 4) 당국에 요구한다.

• 소유격 조사 '의'

우리말에서 '의'는 원래 소유격으로만 쓰이나, 요즘은 쓰이지 않아도 될 곳까지 쓰이는 경우가 많아졌다. '의'는 문장을 간략하게 만드는 장점이 있지만, 문장을 어색하게 만들기도 한다.

(예시 5) 직장인의 주인 된 삶을 위한 협의체

(퇴고 5) 직장인이 주인 되는 삶을 위한 협의체

• 피동문의 과용

요즘은 일본이나 영어의 영향으로 피동문이 많이 쓰인다. 피동문은 상황을 객관적으로 표현하는 데 유용하지만, 일반적으로는 글의 생동감을 죽이는 경우가 많다. 억지 피동문이나 이중 피동문을 만들어 쓰는 문제도 많다.

(예시 6) 열차가 승강장에 도착됩니다.

(퇴고 6) 열차가 승강장에 도착합니다.

• '것'은 최대한 줄이자.

습관적으로 쓰는 '것'의 남용 문제도 심각하다. 가끔 '것'을 '거'로 쓰는 일도 주의해야 한다. '거'는 구어체에는 어울리지만 일반적으로 공식적인 글에서는 글의 품격을 떨어뜨리므로 사용하지 않는 편이 좋다.

(예시 7) 진정으로 행복한 가정이란 어떤 것일까? 누구나 한번쯤 생각해보는 흔한 것이다.

(퇴고 7) 진정으로 행복한 가정이란 어떤 가정일까? 누구나 한번쯤 생각해보는 흔한 질문이다.

• '-던지' '-든지'

'-던지'는 과거의 일을 회상할 때 쓴다. '-든지'는 '자동차든 버스

든 다 좋다'에서처럼 일의 내용을 가리지 않는다는 뜻으로 쓰이거
나 '자동차든지 버스든지 정해라'와 같이 선택을 해야 하는 경우에
쓰인다.

　(예시 8) 회사로 가던지 집으로 가던지 알아서 해라.

　(퇴고 8) 회사로 가든지 집으로 가든지 알아서 해라.

59일 차 출간 기획서

Q : 출판사에서 채택되는 출간 기획서는 어떻게 만드나요?

A : 출간 기획서 도서 소개, 저자 소개, 시장 분석, 홍보 방안을 넣어 편집자가 원고에 호기심을 느끼도록 만드세요.

Executive Summary

출간 기획서 작성하는 방법
① 도서 소개: 책 제목, 부제, 분야, 콘셉트, 기획 의도를 간략히 설명
② 저자 소개: 작가의 전문성, 사회적 명분, 콘텐츠 신뢰도를 어필
③ 시장 분석: 시장 트렌드, 경쟁 도서 분석해서 책의 흥행 가능성을 설명
④ 홍보 방안: 책을 어떻게 홍보할 것인지 계획을 기술

"당신만이 전할 수 있는 이야기를 써라. 당신보다 더 똑똑하고 우수한 작가들은 많다."

– 닐 게이먼

출간 기획서는 작가가 출판사에 제출하는 중요한 문서다. 이 문서로 어떤 주제와 콘셉트로 책을 쓴 것인지 소개하고, 기존 도서와 차별화된 점을 내세워 "그래서 이 책을 출간해야 한다"라고 출판사에 어필해야 한다. 출간 기획서는 크게 네 가지가 포함된다.

① 도서 소개

책 제목, 부제, 분야, 콘셉트, 기획 의도를 간략히 설명.

가. 제목, 부제 : 출판사에서 책의 가능성을 여러 방면으로 생각해 볼 수 있게 2~3개 제목을 적어준다. 각 제목에 맞는 부제도 같이 적는다.

나. 분야 : 자기 계발서인지, 소설인지, 에세이인지 도서의 분야를 적어준다. 세부 분야까지 적어주면 더 독자층을 분석한 원고라는 느낌을 준다.

예) 자기계발서 - 재테크 - 주식

다. 콘셉트 : 기존 도서들과는 다른 이 책만의 콘셉트를 적어준다. 기존 책들과 내가 쓴 책이 다르다는 것이 중요하다. 비슷비슷한 도서가 많으면 내 책이 시장에 나와도 잘 팔리지 않을 가능성이 높기 때문이다. 기존 도서에는 없는 특별한 콘셉트를 가진 책이면 독자의 호응을 얻을 확률이 높다.

라. 기획의도 : 책을 쓴 이유나 의도를 적어주면 된다. 책을 쓰는 목적을 간략히 적고 이 책이 독자에게 어떤 변화를 가져다줄 것인지, 어떤 가치를 제공할 것인지 설명해 주면 된다.

예) "제 책은 심리학 지식을 일상생활에 적용하는 방법을 소개합니다. 독자는 스트레스 관리, 감정 조절, 인간관계 등에서 이론을 실제로 활용할 수 있게 될 겁니다."

② 저자 소개
작가의 전문성, 사회적 명분, 콘텐츠 신뢰도를 어필.
이 부분은 단순한 저자 소개가 아니라 독자가 듣고 싶은 이야기를 고려해 나를 표현해야 한다. 저자 소개에서 콘텐츠 신뢰도를 주기 위해 전문성이 드러나는 이력 또는 경력을 기재하는 것이 좋다.

가. 전문성, 신뢰도 : 저자의 학력, 경력, 연구 분야, 관련 경험 등을 간략히 소개하라. 독자가 왜 당신을 신뢰해야 하는지 설명해 보라.

나. 사회적 명분 : 당신이 어떤 사회적 네트워크에 속해 있는지, 다른 사람들과 어떻게 연결되어 있는지 알려서 사회적 명분을 더욱 강조할 수 있다.

예) "저는 10년간 심리학을 연구한 전문가입니다. 이 책은 일상에서 심리학 지식을 활용하는 방법을 소개하며, 독자들이 더 나은 삶을 살 수 있게 하려고 합니다."

③ 시장 분석

시장 트렌드, 경쟁 도서 분석해서 책의 흥행 가능성을 설명.

현재 시장에 어떤 이슈가 있는지 확인하고 경쟁 도서를 분석해 어떤 책들이 이미 시장에 출간되었는지 확인하고 차별화된 점을 설명한다. 어떤 고객층이 책을 읽을지 파악해 책 주제에 독자들이 관심이 얼마나 있을지 적어주면 된다.

가. 경쟁 도서 분석 : 경쟁 도서 장단점을 분석하고, 해당 경쟁 도서보다 내 책이 더 좋은 이유를 작성하면 된다. 경쟁 도서는 도서 명을 정확히 기재해 주는 것이 좋다.

예) "이 책 주요 독자는 은퇴는 얼마 남지 않았지만 노후 준비가 전혀 되지 않은 40~50대 직장인입니다."

④ 홍보 방안

책을 어떻게 홍보할 것인지 계획을 기술.

책이 나오면 출판사에서 하는 마케팅도 중요하지만 저자의 역할도 매우 크다. 전문서적은 해당 분야에 관한 홍보채널을 출판사보다 저자가 더 잘 아는 경우도 많다. 홍보방안에는 저가가 하고 있는 온·오프라인 홍보 방안을 적는다. 개인이 운영하는 SNS, 블로그, 유튜브, 인스타그램 등을 적어 어필한다. 구체적인 수치가 있으면 더 좋다. 오프라인 강의나 참여하고 있는 모임이 있으면 어필하기 더 좋다. 마지막으로 출간된 도서가 얼마나 팔릴 수 있을지 적는다. 비현실적인 예상 판매 부수를 적을 경우에는 오히려 설득력이 떨어질 수 있다.

잘 쓴 출간 기획서는 편집자가 당신의 원고에 호기심을 느껴 원고로 더 깊이 들어가게 만들 뿐 아니라 진지하게 출판을 고려해 볼 만하다고 생각하게 만든다. 그중에서 저자 소개는 중요해서 다시 한번 설명한다. 저자 소개는 독자의 호기심을 불러일으켜야 한다. 출간 기획서에 포함되는 저자 소개는 압축해서 쓴 자기소개서라 할 수 있다. 많아야 대여섯 문장을 넘기지 않는 편이 좋다. 개인적인 경력이나 이력을 나열하기보다는 투고 원고와 당신 삶이 어떻게 연결되어 있는지, 왜 이 책을 쓰게 되었는지 써라. 과장하기보다는 솔직 담백하게 쓰면 좋다.

출판사가 좋아하는 출간 기획서는 콘텐츠가 남다르고 독특한 것을 좋아한다. 좋은 주제일수록 좋은 책이 나오는 건 당연하다. 작가가 남다른 삶의 이력이 있으면 그 자체만으로도 스토리가 되기 때문에 홍보하기 좋다. 그리고 책 제목과 목차를 잘 구성한 출간 기획서를 좋아한다. 한눈에 확 들어오는 제목과 목차를 가지고 있으면 출판사에서 편집하기 쉽다.

마지막으로 작가가 홍보와 마케팅에 나름대로 방법과 역량이 있다는 것을 보여 주는 출간 기획서를 좋아한다. 작가가 인플루언서인 경우는 출판사에서 두 손 들고 환영한다. 출판사는 결국 홍보를 해서 책을 팔아야 하는데 작가가 홍보를 할 수 있다는 것은 정말 큰 장점이다.

Q : 채택되는 투고 요령은 무엇인가요?

A : 내 원고와 성향이 맞는 출판사를 찾아서 투고할 때 이메일에 출간 기획서와 제목을 쓰세요. 그래야 한눈에 콘셉트를 파악할 수 있습니다.

"예비 기획서를 보내는 일이 낚시와 같다는 점을 기억하자. 낚싯대에 너무 많은 미끼를 달아놓으면 낚싯감을 잃고 만다. 간결하고 간단명료한 방식으로, 그리고 열정을 담아 읽는 사람이 감질나도록 만들어야 한다."

Executive Summary
투고하는 방법
① 내 원고와 성향이 맞는 출판사를 찾아라.
② 투고할 때 이메일에 출간기획서와 제목을 써라.
③ 계약을 서두르지 마라.

- 제럴드 그로스, 《편집의 정석》, 2016

내 원고와 성향이 맞는 출판사를 찾아서 투고할 때 이메일에 출간 기획서와 제목을 써라. 그래야 한눈에 콘셉트를 파악할 수 있기 때문이다. 이제 마지막으로 기도하는 심정으로 투고를 하자.

① 내 원고와 성향이 맞는 출판사를 찾아라.

책 쓰기 학원이 요즘 많아지다 보니 돈을 받고 출판사 이메일 주소를 알려주는 곳이 있다. 그렇다고 아무 출판사에 무턱대고 원고를 보낸다고 책으로 출간이 될까? 그럴 가능성은 매우 낮다. 가장 먼저 살펴봐야 할 것은 당신 원고가 어느 분야인지, 즉 에세이인지, 자기계발서인지, 소설인지, 시인지, 동화인지 정확하게 파악해야 한다. 그다음 비슷한 분야 책을 내는 출판사를 추린다. 여기서 중요한 것은 '똑같은' 책이 나와 있는지 살펴봐야 한다. 비슷한 책은 괜찮지만 똑같은 콘셉트는 다시 생각해봐야 한다. 그 출판사 입장에서는 똑같은 콘셉트 책을 또 출간하는 것은 쉬운 일이 아니다.

원고가 어린이 책인데 전문 도서를 전문으로 취급하는 출판사에 투고하면 보나 마나 보지도 않고 메일이 삭제되었을 것이다. 이렇게 되면 출간 확률이 떨어지므로 자신의 원고와 성향이 맞는 출판사를 찾아야 한다. 인터넷 서점에서 해당 출판사 이름으로 검색을 하면 출간된 책을 모두 살펴볼 수 있다. 주력으로 출간하는 책이 어떤 책인지 알 수 있다.

② 투고할 때 이메일에 출간 기획서와 제목을 써라.

출판사에 일하는 사람들은 하루에도 수십 통의 투고 이메일이 들어온다. 투고 원고를 꼼꼼히 살펴보고 피드백을 하기 힘들다. 책 만드는 일만으로도 하루가 금세 지나간다. 그들도 사람인지라 투고한 원고를 다 보지 못한다. 우선 이메일 제목과 출간 기획서만 본다. 그렇기 때문에 이메일 제목에는 반드시 원고 제목을 적어라. 그래야 한눈에 콘셉트를 파악할 수 있기 때문이다.

예) [원고투고]《60일 만에 책 쓰기》이홍규

메일 본문에는 출간 기획서 내용을 적어준다. 그래야 출판사 직원이 책 내용을 단번에 파악할 수 있다. 원고를 첨부할 때 압축하지 않는 것이 좋다. 압축된 파일을 풀어야 하는 번거로움 때문에 소중한 내 원고가 읽히지도 않을 수도 있다.

③ 계약을 서두르지 마라.

투고를 하고 출판사에서 연락이 오면 자신이 책을 너무 잘 쓴 걸로 착각한다. 하루라도 빨리 출간이 돼서 가족과 지인들에게 나의 책을 자랑하고 싶은 마음이 굴뚝같다. 먼저 연락이 왔다는 것은 당신 원고가 너무 좋아서가 아니다. 출판사에서 연락이 왔다고 무조건 계약을 하고 책이 출간되는 것이 아니다. 책을 내주는 조건으로 돈을 요구하는 경우도 있고, 원고 수정을 이유로 계속 미루다 출간이 안 되는 경우도 있다. 그러므로 출판사에서 먼저 연락이 왔다고 무조건 계약을 하면 안 된다. 서두르지 말고 적어도 2~3일 정도는 출판사에서 온 의견이나 조건을 들어보고 결정하면 된다. 만약 여러 곳에 원고를 보냈지만 어떤 곳에서도 연락이 없다면 제목이나 목차를 수정한 후 다시 다른 출판사에 투고하는 것이 좋다. 출간하고 싶은 마음에 출판사의 무리한 요구에 끌려다니면 안 된다.

투고를 했는데 피드백을 받는다면 원고를 수정하는 것이 좋다.

어떤 원고도 자기가 쓴 그대로 책이 출간되지 않는다. 출판사에서 일하는 편집자들은 평생 책만 보고 살아온 사람들이다. 작가보다 오히려 출판 시장 트렌드와 글을 보는 안목이 남다르다. 그들의 조언을 귀담아들을 필요가 있다.

투고를 하기 전에 나에게 이런 질문을 하는 작가들이 있다.
"큰 출판사가 좋을까요?", "작은 출판사가 좋을까요?"
큰 출판사가 홍보도 더 잘해주고 책도 더 잘 만들고 모든 면에서 좋을 것 같지만 각기 장단점이 다 있다. 큰 출판사는 홍보채널이 다양하고 잘 운영한다. 하지만 모든 책을 대대적으로 다 홍보해 주는 것은 아니다. 담당 편집자와 밀착해서 일이 진행되는 느낌이 덜할 수 있다. 큰 출판사에서도 유명 작가에게 더 신경을 쓰는 것을 뭐라고 할 수는 없다. 책 홍보는 작가와 출판사가 같이 하는 것이라고 생각하면 좋다. 내 책에 더 집중해서 잘 만들어주는 작은 출판사를 좋아하는 분들도 있다.

 |책 쓰기 TIP | 투고 메일 작성 시 첨부파일은 pdf 파일로 첨부하라.

출판사 편집자들은 매우 바쁘다. 투고에 첨부하는 파일은 읽어보는 용도이다. 작업할 것이 아니므로 최대한 편집자가 보기 편하게 보내야 한다. pdf 파일은 용량이 적어 대부분 압축을 풀 필요도 없어 편집자가 바로 읽어보기 좋다.

부록

1_우리가 쉽게 틀리거나 헷갈리는 맞춤법

2_챗GPT를 활용한 책 쓰기

[부록 1]
우리가 쉽게 틀리거나 헷갈리는 맞춤법

	틀린 표현	올바른 표현		틀린 표현	올바른 표현
1	오랫만에	오랜만에	2	움추리다	움츠리다
3	있다가	이따가	4	눈쌀	눈살
5	찌게	찌개	6	답을 맞추다	답을 맞히다
7	오뚜기	오뚝이	8	단언컨데	단언컨대
9	휴계소	휴게소	10	구렛나루	구레나룻
11	빈털털이	빈털터리	12	널판지	널빤지
13	설겆이	설거지	14	세살박이	세 살배기
15	해 질 녁	해 질 녘	16	돌맹이	돌멩이
17	배게	베개	18	끼여들기	끼어들기
19	숨박꼭질	숨바꼭질	20	소매깃	소맷귀
21	세다	쇠다	22	성대묘사	성대모사
23	환골탈퇴	환골탈태	24	개거품	게거품
25	안되	안돼	26	애기	아기
27	어의없다	어이없다	28	서슴치 않다	서슴지 않다

29	금새	**금세**	30	하마트면	**하마터면**
31	왠만하면	**웬만하면**	32	낭떨어지	**낭떠러지**
33	왠 떡이야	**웬 떡이야**	34	줏어	**주워**
35	할께요	**할게요**	36	미쳐	**미처**
37	어따 대고	**얻다 대고**	38	납짝하다	**납작하다**
39	바램	**바람**	40	가벼히	**가벼이**
41	잠궜다	**잠갔다**	42	닥달하다	**닦달하다**
43	역활	**역할**	44	통채로	**통째로**
45	나중에 뵈요	**나중에 봬요**	46	일찌기	**일찍이**
47	건들이다	**건드리다**	48	널부러지다	**널브러지다**
49	애띠다	**앳되다**	50	귀뜸	**귀띔**
51	일일히	**일일이**	52	웅큼	**움큼**
53	어떻해	**어떡해**	54	핼슥하다	**핼쑥하다**
55	문안하다	**무난하다**	56	느즈막하다	**느지막하다**
57	설레임	**설렘**	58	어따 대고	**얻다 대고**
59	내 꺼	**내 거**	60	그러던 말던	**그러든 말든**
61	몇일	**며칠**	62	~거에요	**~거예요**
63	병이 낳았다	**병이 나았다**	64	않 하다	**안 하다**

65	않하고	**안하고**	66	어의없다	**어이없다**
67	들어나다	**드러나다**	68	햇갈리다	**헷갈리다**
69	발자욱	**발자국**	70	틈틈히	**틈틈이**
71	요컨데	**요컨대**	72	딱다구리	**딱따구리**
73	제작년	**재작년**	74	존대말	**존댓말**
75	깨끗히	**깨끗이**	76	내노라하는	**내로라하는**
77	홧병	**화병**	78	꺼꾸로	**거꾸로**
79	문안하다	**무난하다**	80	내꺼	**내거**
81	댓가	**대가**	82	애띠다	**앳되다**
83	곰곰히	**곰곰이**	84	건들이다	**건드리다**
85	넓직한	**널찍한**	86	않되나요	**안되나요**
87	메뉴얼	**매뉴얼**	88	장마비	**장맛비**
89	컨셉	**콘셉트**	90	최소값	**최솟값**
91	아니예요	**아니에요**	92	최대값	**최댓값**
93	여러가지	**여러 가지**	94	절대값	**절댓값**
95	두번째	**두 번째**	96	개구장이	**개구쟁이**
97	구지	**굳이**	98	낭떨어지	**낭떠러지**
99	그럴려고	**그러려고**	100	강남콩	**강낭콩**

[부록 2]
챗GPT를 활용한 책 쓰기

인공지능 기술의 발달로 인해 다양한 분야에 큰 도움을 주고 있다. 그중 하나가 바로 책 쓰기이다. 인공지능 기반 언어 프로그램, 특히 챗GPT 같은 생성형 모델은 대량의 텍스트 데이터를 학습하여 자연어 처리 능력을 향상시킨다. 이를 활용하면 아이디어 생성, 스토리 구성, 편집 등 책을 쓸 때 거치는 여러 과정에 도움을 줄 수 있다.

[챗GPT 활용한 책 쓰기 방법]

① 아이디어 제공 : 소설 작가들에게 새로운 아이디어를 제공하거나 기존의 스토리 아이디어를 확장시켜 준다.

② 논리적 스토리 구조와 시나리오 제공 : 작가가 입력한 정보를 바탕으로 논리적인 스토리 구조와 시나리오 제안해 준다.

③ 교정할 때 도움 : 챗GPT는 문맥을 이해하고 문법과 맞춤법에 따라 원고를 수정할 수 있다. 문장의 완성도를 높이고 글의 일관성을 높일 수 있다.

[챗GPT 주의사항]

① 책을 쓸 때 모든 것을 맡기면 안 됨 : 책을 쓰려면 무엇보다 작가의 창의성과 감성이 중요한데 챗GPT는 아직 부족하다.

② 챗GPT는 책 쓰기의 도구로써 활용되어야 하며 작가의 역할을 완전히 대체는 불가능하다.

③ 챗GPT가 작성한 글의 편향성 문제가 발생할 수 있고, 논란을 일으킬 수 있는 내용이 있는지 확인해야 한다. → 작가는 챗GPT의 결과물을 판단하고 자료를 분석하는 능력을 키워야 한다.

④ 챗GPT의 활용 증가에 따라 법적 문제도 고민해야 한다. 챗GPT가 작성한 글의 원작자로서의 권리와 책임 데이터의 출처 표기 방법, 저작권 문제에 대한 고민이 필요하다.

챗GPT는 책을 쓸 때 맹종하지 말고 도움을 얻는 정도로만 사용해야 한다. 무엇보다 자신이 만족할 수 있고 독자에게 도움이 되는 글을 쓰기 위해서는 챗GPT에게 모든 것을 맡기지 말고 나 자신이 글을 쓰는 주체로서 책임감을 느끼고 자신만의 독특한 개성과 시각이 필요하다. 작가 스스로 더 발전하려고 노력해야 한다.

[생성형 인공지능 서비스 종류]

• 챗GPT4.0 : 매개 변수가 1조 개에 달해 성능이 우수하다. 없는 지식을 마치 있는 것처럼 얘기하는 환각 증상이 있음, 대용량 데이터를 학습하여 응답을 생성하는 과정에서, 잘못된 정보나 모

호한 문장을 포함시키다 보니 문맥을 파악하기보다는 답변을 선택하는 것에 더 집중이 되어 나타나는 현상이다.

- 구글&딥마인드 제미니(Gemini) : 멀티모달 모델(Multimodal Model)[20]에 강점이 있는 생성형 인공지능이다. 텍스트뿐만 아니라 오디오, 이미지, 비디오 같은 다양한 입출력을 지원한다.

- 아마존 베드록(Bedrock)

- 엔씨소프트 엔씨바르코(NCVARCO)

- 네이버 클로바X : 한국을 대상으로 한국에 출시된 한국 특화 생성형 인공지능. 쇼핑이나 카페, 맛집 등의 정보를 찾고 분석하는 데 최적화되어 있다. 창작과 요약 등의 문학/예술 쪽에서도 뛰어난 글쓰기 능력을 보인다. 자사가 보유한 블로그나 카페 등의 커뮤니티 데이터를 잘 학습한 결과로 보인다.

- 카카오톡 AskUp : 카카오톡과 연계되어 있는 프로그램인 만큼 접근성이 뛰어남. 카카오톡에 가입되어 있다면 프로그램을 설치할 필요 없이 바로 사용 가능하다.

- 마이크로소프트 코파일럿(Copilot) : 대화 세션 한차례에서 주고받을 수 있는 문답은 330회로 제한되어 있고, 자주 사용할수록

---

20) 멀티모달 모델(Multimodal Model): 멀티모달 모델은 텍스트, 이미지, 오디오, 비디오 등 다양한 유형의 데이터(모달리티)를 함께 고려하여 서로의 관계성을 학습 및 처리하는 인공지능이다. 이 중 상대적으로 크기가 큰 모델을 '거대 멀티모달 모델' 혹은 '대형 멀티모달 모델(LMM(Large Multimodal Model))'이라고 부른다.

MS 리워드 포인트가 적립되어 횟수가 늘어난다. 응답의 방향성을 사용자가 지정할 수 있는데 창작, 균형 잡힘, 정확함으로 나누어져 더 디테일한 응답을 얻을 수 있다. 아직 한국어에 대한 이해도가 낮아 영어로 해야 정확한 결과를 얻을 수 있다.

[챗GPT 활용한 책 쓰기 예시]
주제 : 무더운 한 여름 더위를 피하는 법
① 주제에 대한 화두 작성
② 챗GPT 활용 자료 검색
③ 종합적인 나의 생각 쓰기

① 우선 주제 '무더운 한 여름 더위를 피하는 법'을 말하기 전 무더운 더위에 대한 내 생각을 언급한다.

아직 6월인데 기록적인 폭염 소식이 들려온다. 지구온난화 영향으로 갈수록 더워지고 있다. 올여름 폭염에 어떻게 지내야 할지 벌써부터 걱정이 앞선다. 이런 더위를 피하는 방법은 여러 가지가 있는데 다른 사람들은 어떻게 올여름을 보내는지 알아보자.

② 챗GPT를 활용해 '더위를 피하는 법'에 대해서 질문해 답변을 구한다.
• 수분 섭취 : 물을 자주 마셔서 체내 수분을 유지하세요. 이온 음료나 과일 주스도 도움이 됩니다.

• 시원한 장소 찾기 : 에어컨이 있는 실내나, 그늘이 있는 공원 등을 찾아서 더위를 피하세요. 도서관이나 카페도 좋은 선택입니다.

• 차가운 음료와 음식 : 아이스크림, 냉면, 시원한 과일 등 차가운 음식을 섭취해보세요.

• 옷차림 : 통기성이 좋은 가볍고 밝은 색의 옷을 입어 열을 덜 받도록 하세요.

• 냉방기구 활용 : 에어컨, 선풍기, 제습기 등을 적적히 사용하여 실내 온도를 낮추세요.

• 샤워 : 시원한 물로 샤워를 하면 체온을 빠르게 낮출 수 있습니다.

• 야외 활동 시간 조절 : 햇빛이 강한 낮 시간대(10시~4시)를 피해서 아침이나 저녁 시간대에 야외 활동을 계획하세요.

• 냉매 사용 : 얼음팩, 쿨링 스카프 등을 사용하여 몸을 시원하게 유지하세요.

이 방법들을 통해 무더운 여름을 조금 더 쾌적하게 보낼 수 있을 것입니다.

③ 챗GPT에서 수집된 내용들을 조합하여 종합적인 나의 생각을 쓰면 됩니다.

이렇듯 더위를 피하는 방법들이 여러 가지가 있다. 하지만 올해는 급격한 물가 및 전기료도 상승했다. 이럴 때 도서관에 가서 조용히 책을 보며 시원하고 알차게 시간을 보내면 마음의 양식을 쌓고 돈도 아낄 수 있어 일석이조다.

이제 완성된 글을 보자.

아직 6월인데 기록적인 폭염 소식이 들려온다. 지구온난화 영향으로 갈수록 더워지고 있다. 올여름 폭염에 어떻게 지내야 할 지 벌써부터 걱정이 앞선다. 이런 더위를 피하는 방법은 여러 가지가 있는데 다른 사람들은 어떻게 올여름을 보내는지 알아보자.

첫 번째, 시원한 장소 찾기: 에어컨이 있는 실내나, 그늘이 있는 공원 등을 찾아서 더위를 피하라. 도서관이나 카페도 좋은 선택이다. 두 번째, 차가운 음료와 음식: 아이스크림, 냉면, 시원한 과일 등 차가운 음식을 섭취하는 것도 좋다. 세 번째, 야외 활동 시간 조절: 햇빛이 강한 낮 시간대(10시~4시)를 피해서 아침이나 저녁 시간대에 야외 활동을 하면 한결 시원한 여름을 날 수 있다.

이렇듯 더위를 피하는 방법들이 여러 가지가 있다. 하지만 올해는 급격한 물가 및 전기료도 상승했다. 이럴 때 도서관에 가서 조용히 책을 보며 시원하고 알차게 시간을 보내면 마음의 양식을 쌓고 돈도 아낄 수 있어 일석이조다.

챗GPT를 활용하면 책 쓰기가 한결 쉬워진다. 하지만 꼭 기억할 점은 자료조사 등을 할 때 보조 수단으로 하는 것이지 맹신해서는 안 된다는 것이다. 챗GPT가 작가가 될 수는 없다. 인간만이 가질 수 있는 통찰, 혜안, 직관, 깨달음, 감동, 느낌 등은 챗GPT는 가지고 있지 않다.

[챗GPT 활용 자료 검색]

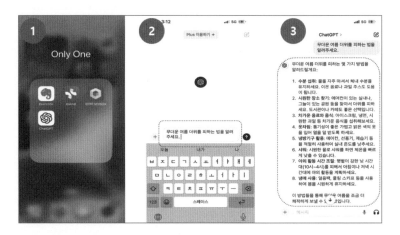

60일 만에 책 쓰기 프로젝트

초판 1쇄 발행 2024년 7월 30일

지은이 이흥규
펴낸곳 글라이더
펴낸이 박정화
편 집 이고운
디자인 디자인뷰
마케팅 임호

등록 2012년 3월 28일 (제2012-000066호)
주소 경기도 고양시 덕양구 화중로 130번길 32(파스텔프라자 405호)
전화 070) 4685-5799
팩스 0303) 0949-5799
전자우편 gliderbooks@hanmail.net
블로그 https://blog.naver.com/gliderbook
ISBN 979-11-7041-149-9 (03330)